Dirk Thomas

Botschaften der Waldfeen

Dirk Thomas

Botschaften der Waldfeen

Die reinigende Kraft der Natur

SILBERSCHNUR VERLAG

ISBN: 978-3-89845-399-8

1. Auflage 2013

Gestaltung: XPresentation, Güllesheim;
unter Verwendung verschiedener Motive aus: www.fotolia.com
Druck: Finidr, s.r.o. Cesky Tesin

Verlag »Die Silberschnur« GmbH · Steinstr. 1 · 56593 Güllesheim
www.silberschnur.de · E-Mail: info@silberschnur.de

Inhalt

Danksagung

Auf meinem Weg zu diesem Buch waren viele hilfreiche Menschen zugegen, die mich unterstützten - sei es durch Gespräche, Meditationen oder tatkräftige Unterstützung.

In erster Linie möchte ich mich bei meiner Frau Karin bedanken, die die auf Diktiergerät aufgenommenen Durchsagen zu Papier brachte und die Anmerkungen durch kluge Fragen bereicherte.

Folgende Menschen begleiteten mich auf dem Lebensweg und brachten mich spirituell Schritt für Schritt weiter: Silvia, Gabi, Andreas - danke für eure Begleitung.

Natürlich möchte ich mich auch bei meinen geistigen Führern aus dem Engelreich bedanken, die immer für mich da waren. Auch - oder gerade - dann, wenn ich in Zweifeln lebte.

Seht euch die Blumen auf den Wiesen an!
Sie arbeiten nicht und kümmern sich auch nicht um
ihre Kleidung. Doch selbst König Salomo in seiner ganzen
Herrlichkeit war lange nicht so prächtig gekleidet wie
irgendeine dieser Blumen. Wenn aber Gott sogar das Gras
so schön wachsen lässt, das heute auf der Wiese grünt und
morgen vielleicht schon verbrannt wird, meint ihr,
dass er euch dann vergessen würde?

Evangelium nach Matthäus 7, 28-30

Einführung des Autors

Dieses Buch wurde mir in wunderbarer Weise in der Natur übermittelt. Dana, die Königin des Waldes - die Feenkönigin -, hat mir auf ihre unbeschreibliche Art Botschaften für alle Suchenden übermittelt. Feen sind für viele Menschen lediglich Wesen aus Märchen, doch es gibt sie wirklich - auch heute noch. Leider finden die Menschen sehr selten Zugang zu ihnen.

Was sind Feen? Es sind Engel, die über die Natur wachen und sich deshalb nicht in der Nähe von Menschen aufhalten. Um sie zu finden, ist es unumgänglich, in die Natur zu gehen. Sie offenbaren sich jedoch nur demjenigen, der offenen Herzens die Wunder der Schöpfung annehmen kann.

Wie jedes Engelwesen sind auch Feen Geschöpfe des Lichts, und im Gegensatz zu Engeln können sie auch die Dunkelheit eines Waldes durchdringen. Ihre machtvolle Energie macht sie unangreifbar für die Mächte des Dunklen. Aber nichtsdestotrotz werden sie nur mit Menschen in Verbindung treten, die das Licht suchen und an Gott glauben.

Wir Menschen haben allerdings verlernt, das Licht auch noch in den Schatten zu sehen. Deswegen ziehen wir das Licht immer vor und umgeben uns zwar mit Licht, doch oft ist es künstlich. Neonröhren haben unseren Alltag erobert. Die Zeit, die wir in der

Natur verbringen, wird immer kürzer. Dafür halten wir uns immer mehr in geschlossenen Räumen auf.

Somit ist es vielen Menschen schon von ihrer Lebensweise her nicht mehr möglich, die Kräfte der Natur in sich aufzunehmen. Aber genau diese reine Energie, das Fließen der natürlichen Kraft in uns, wird damit unterdrückt. Was bleibt, ist die Erschöpfung, die uns durch unsere Lebensweise überfällt. Um den Körper zu stählen, besuchen wir ein Fitnessstudio und übersehen dabei, wie wertvoll es wäre, in die Natur zu gehen.

Wenn es uns gelänge, jeden Tag nur fünfzehn Minuten in der Natur zu sein - allerdings mit wachem Bewusstsein -, stünde es um unsere Lebensenergie sehr viel besser. Doch wir erfinden jeden Tag tausend Ausreden, um dieses so einfache und völlig kostenlose Angebot unseres Herrn in den Wind zu schlagen. Wir beschäftigen uns lieber mit den vielfältigen Angeboten, die die selbst ernannten Gurus der Esoterik für uns bereithalten.

Doch haben wir dadurch jemals gelernt, unsere eigene Natur in ihrer Vielfältigkeit zu begreifen? Wir entdecken zwar immer neue Seiten von uns, doch bleibt uns unser Sein in seiner Ganzheit in der Regel verborgen. Dies ist oft auch so von uns gewollt, denn sich selbst zu betrachten, ist für viele Menschen ein Graus. Man möchte nur die positiven Aspekte in sich sehen, aber nicht das, was uns insgesamt ausmacht. Würden wir begreifen, dass uns Gott - so wie wir sind - in die Welt gestellt hat, um unsere Lebensaufgabe zu erfüllen, so wären wir nicht geneigt, alle unsere - von uns so bewerteten - negativen Seiten schamhaft zur Seite zu schieben.

Das Gebot der Nächstenliebe wird leider oft nur zur Hälfte verstanden. "Liebe deinen Nächsten wie dich selbst", sagte Jesus im Matthäusevangelium. Viele versuchen, den ersten Halbsatz in ihrem Leben umzusetzen, doch wie wollen wir das umsetzen, wenn wir verlernt haben, uns selbst zu lieben - und zwar so, wie wir sind? Denn erst, wenn ich mich in meiner Ganzheit lieben kann, werde ich in der Lage sein, andere Menschen zu lieben. Dies ist ein weiter Weg, doch jeder kann diesen Weg beginnen, wenn er bereit ist, sich wahrzunehmen, sein Wesen, seine Natur zu erkennen. Dabei sollen Ihnen die Feenbotschaften aus der Natur helfen. Erst wenn Sie sich als Wesen in der Schöpfung Gottes begreifen und annehmen, wird Ihnen geistiges Wachstum gelingen.

Ich wünsche Ihnen bei der Lektüre dieses Buches, dass Sie anfangen, sich zu begreifen, und neugierig werden, sich selbst zu entdecken. Am Ende der einzelnen Kapitel, die die wundervolle Dana mir gechannelt hat, habe ich jeweils meine Anmerkungen hinzugefügt, um Ihnen das Gesagte ein wenig zu "übersetzen" und mit Beispielen zu illustrieren.

Einführung von Dana

Geliebte Wesen, die ihr seid auf der Erde, ich Dana, die Königin des Waldes, eine Fee, möchte euch hier in dieses Buch einführen. Ihr, die ihr dieses Buch gekauft habt, seid Suchende und Neugierige. Ihr möchtet, weil ihr spürt, dass in eurem Leben etwas nicht stimmig ist, nach neuen Wegen suchen. Ich zeige euch neue Wege, indem ich diese Botschaften an meinen Bruder im Geiste, Dirk, weitergegeben habe, der sie veröffentlichen soll, um euch diese neuen Wege zu offenbaren.

Ihr sucht so viel in eurem Leben und rast von einem Seminar zum anderen. Ihr seid vielleicht schon auf dem spirituellen Weg und wünscht euch, jetzt endlich anzukommen. Doch alles, was ihr sucht, ist in euch. Ihr müsst nur euch entdecken, und ihr werdet so viel von euch erfahren, dass ihr erstaunt sein werdet, warum ihr ständig außen gesucht habt statt innen. In vielen Lektionen, die ihr gern auch in der Natur lesen könnt, könnt ihr erfahren, wie ihr eurem eigentlichen göttlichen Wesen wieder näher kommt.

Ja, ihr alle seid göttliche Wesen, doch ihr seid euch dessen nicht bewusst. Ihr mäkelt an euch herum. Ihr mäkelt an eurem Aussehen, an eurem Gewicht, an den Zähnen, an den Haaren, an eurem Verstand herum. Warum? Habt ihr noch nicht begriffen, dass alles, was Gott tut, einen großen Sinn ergibt, und warum wollt ihr diesen Sinn nicht begreifen? Ihr wollt diesen Sinn nicht begreifen, weil ihr die Göttlichkeit in euch verleugnet. Lieber schaut ihr, was der Nachbar vielleicht schon alles kann, und eine Stufe tiefer (im materiellen Sinn) schaut ihr, was der Nachbar alles besitzt. Je weiter ihr euch von dem Materialismus entfernt, desto mehr sucht ihr dann auf der geistigen Ebene. Wenn ihr sagen könnt, Besitz sei euch gleichgültig, so glaubt ihr, dass ihr schon die höchste Stufe erreicht habt.

Glaubt ihr wirklich, dass ihr einem Leben in Armut folgen müsst, um Gott nahe zu sein? Es gibt Menschen, die diesen Weg beschreiten müssen, doch dies hat mit ihrer karmischen Vergangenheit zu tun. Ihr, die ihr in einem reichen Land aufwachst, müsst nicht darben. Doch ihr sollt sparsam sein - nicht geizig. Ihr sollt sparsam mit den Ressourcen umgehen und die Dinge, die ihr euch zuführt und die euch schaden (beispielsweise bestimmte Lebensmittel), nur sparsam verwenden.

Wir wissen, dass kein Mensch vollkommen frei sein kann von diesen Lastern. Doch dies soll auch nicht der Weg sein. Wir möchten, dass ihr euer göttliches Wesen erkennt und dass ihr euch Zeit für euch nehmt. Das bedeutet nicht, wie viele jetzt schon wieder glauben, dass ihr jeden Tag, jede Stunde versuchen müsst, in euch zu hören. Lebt im Mittelmaß. Mittelmaß bedeutet nicht durchschnittlich, sondern es bedeutet, dass ihr bei allem, was ihr tut, die Mitte sucht. Dies wird euch zum Glück führen.

Ihr habt die Polarität auf dieser Erde geschaffen. Plus und Minus, Gut und Böse gibt es in der Engelwelt nicht. Dort gibt es nur das Sein. Doch ihr auf der Erde braucht das zur Orientierung. Nun orientiert ihr euch auf die eine Seite oder auf die andere. Doch ihr seid beides. Ihr seid Yin und Yang, ihr seid Gut und Böse, ihr seid Plus und Minus, und es ist gut so. Denn was passiert, wenn ihr die Mitte findet? Dann wird aus Plus und Minus das Nichts (Neutralität) - die Dualität verschwindet, und ihr habt euer Sein erreicht.

In diesem Sinne wünsche ich euch viel Freude und reiche Erkenntnisse mit meinem Buch. Begegnet mir, wann immer ihr wollt, in der Natur. Ihr könnt mich rufen. Ihr werdet mich dann hören, wenn ihr in eurer Mitte lebt. Ihr werdet mich hören, wenn ihr die Vögel im Wald zwitschern hört. Ihr werdet mich hören, wenn ihr das Rauschen eines Baches wieder als die schönste Musik empfindet. Ihr werdet mich sehen, wenn ihr die wunderbare Natur wieder betrachtet. Betrachtet einmal wieder einen Baum, wie er wächst. Euch wird auffallen, dass die meisten Bäume gerade Stämme haben und immer nach oben wachsen. Wachst auch ihr zum Licht. AMEN!

Das Symbol des Baumes

Dana spricht in dieser Durchsage in der Ich-Form, um zu verdeutlichen, dass auch Engelwesen auf der Erde ein Teil der Schöpfung sind und zu uns gehören:

Ein Sinnbild für das Menschsein ist der Baum. Er strebt zum Licht und strebt in die Höhe. Doch damit er dies tun kann, ist er fest verwurzelt in der Erde. Die Kraft zum Wachsen zieht er aus der Erde, und ohne seine Wurzeln könnte er nicht wachsen. Das heißt für die Menschen: Nur dann, wenn sie feste Wurzeln haben in dieser Erde, ist ein Wachstum nach oben zum Licht, zu Gott, möglich.

Die Erde um den Baum besteht aus den verwelkten und sich zersetzenden Blättern, und auch das bedeutet etwas: Wir sollten Altes, Vergangenes abstreifen, denn das bietet die Chance auf neues Wachstum. So wie es der Baum auch macht. Er wirft alte Äste und Blätter ab und hat so die Kraft, im nächsten Jahr wieder neu zu wachsen. Genauso können wir uns unser Leben vorstellen: Alte Gedankenmuster, Vergangenes, das uns quält, werfen wir einfach ab wie ein Blatt und entschließen uns zu neuem Wachstum. Loslassen bedeutet immer die Chance, Neues zu erfahren. Nur wenn wir die Grenzen unseres Seins stetig neu überwinden, indem wir Vergangenes, auch Karmisches und alte Dinge, einfach in Frieden und Liebe loslassen, können wir wieder ein Stück zum Licht wachsen.

Geistiges Wachstum bedeutet also, dass ich erst nach Höherem strebe, wenn ich fest auf der Erde stehe. Ich muss mein eigenes Ich akzeptieren und muss akzeptieren, dass Gott mich auf diese Welt geschickt hat, um zu lernen. Und da ich auf dieser Welt bin, bedeutet es auch, diese Welt so anzunehmen, wie sie ist, mit all ihren Stärken und Schwächen, die ohnehin von uns Menschen gemacht werden.

Aber ich sollte mich nie über andere stellen, denn Gott schickt uns auf diese Welt, um gemeinsam mit allen anderen Menschen, die um uns herum sind - unsere Brüder und Schwestern im Geist, denn alle tragen den göttlichen Funken in sich -, gemeinsam zu wachsen. Wir helfen uns dabei gegenseitig, gerade auch mit unseren Schwächen. Und das ist das Geheimnis und der Schlüssel des Erfolgs. Gegenseitiger Respekt bedeutet zudem, dass ich andere Menschen dort stehen lassen kann, wo sie sind, und dann werde ich auch "stehen gelassen".

Wir dürfen nie verzagen, denn wir fällen uns nur selbst, um in der Baumsprache zu bleiben, wenn wir dies tun. Wenn ich anfange, an meinem Stamm, den Gott mir geschenkt hat, zu sägen, werde ich irgendwann fallen. Und wenn ich mich gefällt habe, ist es sehr schwer, wieder groß zu werden und die Größe, die ich einst hatte, wieder zu erreichen. Ich muss völlig neu beginnen. Doch das ist nur der letzte Ausweg, den Gott für uns vorgesehen hat auf dieser Erde. Vorgesehen hat er für uns geistiges Wachstum, indem ich die Erde als sein Geschenk begreife und annehme.

Dana beschreibt im ersten Kapitel in wunderbaren Bildern die Natur des Menschen. Gott schickt uns für unser eigenes geistiges Wachstum auf die Erde - mit allen Fehlern, aber auch mit allen Gaben. Allerdings ist es so, dass der Mensch sich selbst beurteilt, doch vielleicht sind es gerade meine "Fehler", die anderen bei ihrem Wachstum helfen.

Sich selbst annehmen, seinen "Stamm" erkennen und ihn als Gottes Geschenk zu begreifen, das ist der Schlüssel zum Wachstum. Dies bedeutet nicht, dass ich nichts an mir ändern sollte. Vielmehr ist es so, dass ich alte Denk- und Verhaltensmuster gerne wie Blätter abwerfen darf, um Raum für Neues zu schaffen.

Dabei sollte der Mensch wissen, dass er bei Jesus selbst um die Inkarnation bat. Bevor eine Seele wieder als Mensch inkarniert wird, stellt sie sich die Aufgaben für das nun kommende Leben. Ob er diese Aufgaben in der ihm geschenkten Zeit erfüllt, liegt bei dem Inkarnierten, denn die inkarnierte Seele hat in ihrem Menschsein natürlich immer die freie Wahl der Lebensführung. Das heißt konkret aber auch, dass sie selbst bestimmt, welche Aufgaben sie erfüllt, wenn sie sie überhaupt noch erspürt. Doch leider neigt der Mensch oft dazu, seine seelische Verfassung oder seine Bedürfnisse zu vernachlässigen und damit seine wahre Bestimmung in diesem Leben zu verleugnen. Kinder können die Bedürfnisse ihrer Seele noch klar artikulieren, werden aber von Erwachsenen oft - aus Unwissenheit - missachtet. Dabei sollte man sie lieber in ihren Träumen und (immateriellen) Wünschen wahrnehmen und bestärken. Dies hätte auch zur Folge, dass viele Erwachsene ihren eigenen Wünschen wieder näher kämen.

Gott schenkt uns zur Erfüllung der von uns gewählten Aufgabe alle Eigenschaften, die wir dazu benötigen. Unerheblich ob positiv oder negativ, die uns geschenkten Eigenschaften sind alle notwendig, und die Wertung erfolgt sowieso nur im menschlichen Sein. Bedenken Sie dies, wenn Sie einmal wieder vorschnell Ihre Charaktereigenschaften oder Ihr Äußeres kritisieren. Dana versucht, uns in ihren Bildern genau dazu zu bewegen: unsere eigene Natur - unsere Bestimmung - wieder mehr wahrzunehmen. Haben Sie Mut, und entdecken Sie Ihre Bestimmung!

Der gewohnte Pfad

Gewohnte Pfade zu verlassen, so wie wir es sehr selten – zu selten? – tun, vom eigentlichen, großen Weg abzugehen, bedeutet erst einmal Unsicherheit, Angst. Was kommt da auf mich zu? Vielleicht ist es dort auch dunkel, und ich sehe nicht so weit wie auf dem Weg, den ich gerade entlangschreite. Doch wenn ich einen gewohnten Pfad, meinen Lebenspfad, niemals verlasse, kann ich nichts Neues entdecken. Das heißt, Angst vor Neuem bedeutet, sich die Chance zu nehmen, Neues zu entdecken. Und nur wer Neues im Außen entdeckt, kann auch in sich Neues entdecken. Denn das, was im Außen ist, ist im Innen und umgekehrt. Und wenn ich immer nur geradeaus gehe und niemals eine Kurve oder eine Abzweigung wähle, werde ich auch niemals in der Lage sein, die Facetten, die Gott mir geschenkt hat, in meinem Wesen zu entdecken.

Ja, sie sind unbekannt, und manchmal tun sie auch weh und ich mag sie vielleicht nicht. Ich finde sie abstoßend, manchmal sogar ekelerregend. Und das sind die Momente, in denen ich zweifle, zweifle an mir, aber auch zweifle an Gott. Doch Gott hat uns so gemacht, wie wir sind. Er will uns genau so in dieser Welt, wie er uns hier hingesetzt hat. Es geht nicht darum, etwas Höheres darzustellen, etwas Besseres zu sein, sondern er möchte uns so, wie wir sind. Warum ist das so? Weil wir in allem, was wir haben, mit allen Energien, die wir ausstrahlen, auch eine Wechselwirkung zu anderen Geschöpfen Gottes haben, seien es Tiere, seien es Menschen. Und jede, auch unsere dunkelste Seite, hat eine Aufgabe in dieser Welt. Das ist manchmal schwer zu begreifen und vor allem schwer zu akzeptieren. Doch es ist so!

Deshalb sollte man nicht anfangen, nur den Teil an sich zu lieben, den man gerade klasse findet. Das wechselt ja auch. Manchmal findet man seine melancholische Seite gut, manchmal die traurige, manchmal die lustvolle oder die freudige. Doch alles sind wir. Wir sind nicht nur der Teil, den wir mögen. Wir sind alle Teile, und so, wie wir viele Teile in uns tragen, sind auch die Menschen an sich gemeinsam ein Teil Gottes. Jeder trägt einen göttlichen Funken in sich, und jedes Teil unseres Ichs, jeder Mensch als Ganzes, hat seine Aufgabe. Dies sollten wir immer vor Augen haben, wenn wir über unsere dunklen Seiten nachdenken. Wir bestimmen sie als dunkle Seiten. Gott tut es nicht. Gott bewertet nicht. Gott sieht uns so, wie wir sind, und da gehören eben Gut und Böse zusammen.

Yin und Yang, das Prinzip der chinesischen Lehre, findet sich, wenn man es genau bedenkt, überall. Plus und Minus, Sein und Nichtsein. All dies sind nur Sinnbilder für das göttliche Ganze, das zusammengehört und nicht getrennt werden darf. Doch ihr Menschen seht euch nie ganz, sondern betrachtet nur den Teil, der euch gerade gefällt. Selten gelingt es Menschen, auch den Teil zu betrachten, der vielleicht nicht so angenehm ist.

Diese Wertung, etwas an uns als negativ zu betrachten, nehmen wir vor, nicht Gott – das muss verstanden werden. Und wenn wir glauben, dass Gott nur den Teil liebt, den wir für gut befinden, so liegen wir völlig falsch, gehen wir von falschen Voraussetzungen aus und glauben, dass Gott nur das Gute liebt. Gott liebt uns so, wie wir sind, und mehr gibt es dazu nicht zu sagen.

In dieser Durchsage sind zwei Aspekte des Menschseins verborgen: Zum einen weigern wir uns oft, zu neuen Ufern aufzubrechen, zum anderen schauen wir uns zu gerne nur teilweise an. Im ersten Moment scheinen diese unterschiedlichen Aspekte eigentlich gar nicht zusammenzugehören, doch da irren wir. Jedes Verlassen meines eingeschlagenen Weges - meines eingetretenen Pfades - offenbart mir neue Seiten meiner Natur, und dabei können auch mir nicht so angenehme Eigenschaften auftreten - jedenfalls scheint dies auf den ersten Blick so. Doch vielleicht sind sie nur unbekannt, und ich lehne sie deshalb ab.

Per se neigen viele Menschen dazu, ihre unbekannten Seiten als schlecht einzustufen und bei ihrem Teilbild von sich zu verharren, das sie kennen. Damit berauben sie sich aber aller Chancen, auch neue positive Seiten zu entdecken. Wobei - und dies sei noch einmal deutlich hervorgehoben - die Wertung, ob etwas positiv oder negativ ist, nur wir Menschen vornehmen und nicht Gott!

Probieren Sie neue Wege aus, und Sie werden feststellen, wie viele unentdeckte Seiten und Talente Sie in sich tragen.

Die innere Stimme

Wenn ihr einfach auf einer Bank in der freien Natur sitzt, ruht ihr euch aus - und trotzdem ist geistiges Wachstum da. Lauscht den Stimmen der Vögel, der des Windes, des Grases um euch herum. Diese sanften Stimmen sind auch in euch. Vielleicht habt ihr sie lange, lange überhört, denn ihr wollt sie leider nicht mehr wahrnehmen. Ihr seid gefangen im ewigen Laufen und Wandern, im Vorwärtsrasen. Auf der Suche nach Anerkennung wollt oder müsst ihr immer noch mehr leisten für diese Anerkennung.

Diesen Absatz richtet Dana als Appell an jeden einzelnen Menschen:

Halte inne und lausche dem wunderbaren Wesen, das du bist, das in dir schlummert. Vielleicht magst du es entdecken? "Doch wann?", fragst du ... "Ich habe doch nie Zeit!" Da kann ich dir nur entgegenhalten: Lasse zum Beispiel einmal den Fernseher aus, und gehe in die Natur, atme die Luft, die Gott dir geschenkt hat. Betrachte die Geschöpfe Gottes, wie sie um dich herumwuseln. Entdecke das Murmeln eines Baches, das sanfte Rauschen. Höre die Vögel zwitschern, und begreife erst einmal wieder, dass du auf dieser Erde bist. Und wenn du das begriffen hast, dann wirst du in der Lage sein, langsam wieder deine innere Stimme zu hören.

Das wird nicht innerhalb von Minuten geschehen, auch nicht innerhalb von Tagen, manchmal dauert es Monate, bis die innere Stimme sich wieder meldet. Denn wie oft hast du sie überhört, und wie oft wolltest du sie zum Schweigen bringen? Doch die innere Stimme möchte gehört werden, sie ist da und in dir. Gib ihr Raum. Du hast Angst davor, dass du Unangenehmes erfährst von deiner inneren Stimme, dass du wieder einmal zu viel Süßes gegessen hast, dass du längst mal wieder tanzen gehen solltest und, und, und ...

Deshalb ignorierst du deine innere Stimme oft. Ihr Menschen seid manchmal merkwürdig. Wenn solche Erkenntnisse und euer Gespür sich bemerkbar machen, wisst ihr, dass es euch guttun würde, der inneren Stimme zuzuhören, doch lieber hört ihr weg. Stattdessen sitzt ihr vor dem Fernseher, betäubt euch mit Bier, ungesunden Lebensmitteln oder Zigaretten. Das dient alles nur dazu, die innere Stimme zum Verstummen zu bringen.

Diese innere Stimme sagt uns, was wir wirklich wünschen. Vielleicht ist es gerade ein Bad im Lebenselement Wasser, vielleicht mit Schaum - einfach seinen Körper spüren. Doch selbst das ist euch zu viel, und das Duschen, das ihr dann vorzieht, dient nur dazu, euch zu säubern, statt auch immer daran zu denken, dass das Element Wasser mehr kann, als äußeren Schmutz von eurer Haut zu entfernen. Ihr könnt es dazu nutzen, euch auch von innen zu reinigen, wenn ihr einen Schluck Wasser trinkt mit dem Bewusstsein: Da läuft etwas Klares, Reines durch meinen Körper. Und jede Zelle benötigt dieses Element zum Leben. So könntet ihr vielleicht das Bad, das Duschen in einem anderen Licht sehen.

Wie ich euch schon einmal sagte: Alles, was außen ist, ist auch in euch. Ihr müsst es nur wieder genießen lernen.

Die innere Stimme, die hier beschrieben wird, setzt sich aus vielen Komponenten zusammen. Zwei davon möchte ich hier kurz skizzieren: Zum einen ist es unser Herz, unsere Emotion, die uns vieles geben kann, wenn wir diese Emotion zulassen. Zum anderen ist es unsere Intuition - aus dem Bauch heraus entscheiden -, die uns helfen kann, unsere wahre Absicht zu erkennen.

Doch dies alles hat der Mensch nahezu verlernt wahrzunehmen. Denn in unserer technokratischen Welt ist es nicht en vogue, emotional und intuitiv zu handeln. Die Ratio, also unser Verstand, hat unser Handeln übernommen. Wir glauben, dass unser Verstand automatisch die stärkste Waffe bei Entscheidungen darstellt. Doch wer hat noch nicht erlebt, dass sich unser Bauch bei einer Entscheidung heftig regt oder sogar wehrt - ein Warnzeichen unserer Seele. In diesen Fällen sollten wir auch einmal den Mut haben, darauf zu hören.

Als Beispiel soll hier das unterschiedliche Führungsverhalten von Männern und Frauen dienen: Insbesondere Männer schielen oft verstohlen auf Frauen in Führungspositionen, denn diese handeln nicht immer streng rational und haben doch Erfolg. Männern sind über die Jahrtausende die neben dem Verstand existierenden Empfindungen abtrainiert worden, doch sie sind nach wie vor da und können wieder geweckt werden. Man(n) muss sich nur wieder trauen. Den Frauen möchte ich sagen: Tun Sie es den Männern nicht gleich, sondern stärken Sie vielmehr Ihre Gefühlswelt. Mann und Frau auf dieser Erde verkörpern die Polarität, und beide zusammen ergeben ein Ganzes. Deshalb sollten beide Geschlechter ihre Stärken nicht aufgeben, aber ein wenig auch ihre Schwächen lieben lernen.

Die Zerstörung der Natur

Ihr Menschen seid ein komisches Volk, denn Genüsse können bei euch in der Regel nur das sein, was ihr selbst erschaffen habt, wie zum Beispiel eine Zigarette. Wenn ihr denn nur den Tabak rauchen würdet, wäre es auch noch etwas anderes. Aber ihr raucht das Papier um den Tabak, und dieses Zigarettenpapier ist ein zerstörter Baum. Natürlich benötigt ihr Papier, und bis zu einem gewissen Grade, zum Beispiel um eure Gedanken aufzuschreiben, halte ich es für notwendig, Papier herzustellen.

Doch ihr zieht es vor, einen Baum sterben zu lassen, damit ihr rauchen könnt, damit ihr ihn endgültig in der letzten Phase zerstört, statt zu uns in die Natur zu kommen. Diesen Baum solltet ihr viel eher umarmen, um zu spüren, welche Kraft, welche Majestät in ihm wohnt.

Ihr beklagt den Untergang der Umwelt. Doch jeden Tag fahrt ihr mit dem Auto auch den kleinsten Weg. Wann haben euch das letzte Mal eure Füße durch die Natur getragen, wann habt ihr das letzte Mal gespürt, dass ihr wieder auf Gottes Erde wandelt? Wann habt ihr das letzte Mal eure Schuhe und Socken ausgezogen und seid auf einer taufrischen Wiese mit den nackten Füßen gegangen? Wann habt ihr das Gras gespürt, das eure Zehen kitzelt, den Tau, der eure Füße benetzt, den Duft von frischem, mit Wasser benetztem

Gras? Wann seid ihr das letzte Mal in einem Bach gewatet und habt das Wasser gespürt, das euch umfließt, so kalt es auch sein mag, und neue Kräfte in euch regt?

Denn dies ist die Natur Gottes, sein Geschenk an euch, und ihr tretet es mit euren Füßen, indem ihr der Natur immer mehr Schaden zufügt. Wir waren sehr einverstanden mit Dingen, die ihr vorangebracht habt: Die Erfindung des Buches, wofür auch ein Baum sterben muss, war ein Geschenk Gottes. Dieses Opfer konnten wir den Bäumen noch gut beibringen, doch glaubt ihr wirklich, dass für jedes Möbelstück, das ihr braucht, Hunderte Bäume sterben müssen? Glaubt ihr nicht, dass das Holz, das ihr in euren vier Wänden habt, viel länger halten würde, wenn es gepflegt würde? Dadurch müssten viel weniger Bäume sterben. Die Bäume dienen euch, doch vergesst nie, auch sie sind Gottes Geschöpfe, und ihr werdet in jedem Baum, wenn ihr ihn nur betrachtet, die Allmacht Gottes finden.

Bäume führen euch dieses herrliche Wachstum vor Augen, das Streben nach Licht bei der gleichzeitigen Verankerung in der von Gott geschaffenen Erde, wo Wasser ist. Denn wo ihr dem Wasser die Chance gegeben habt, ungehindert seinen Weg zu nehmen, findet Wachstum statt. Zerstört dieses Geschenk Gottes nicht dadurch, dass ihr sinnlos Dinge in den Wald oder in einen Bach oder See werft. Eine Zigarette, die in das Wasser geworfen wird, bedeutet wieder eine Unmenge von Leid für viele, viele kleine Lebewesen, die aber für das Gleichgewicht in der Natur genauso bedeutend sind wie ihr. Das Gleiche gilt für eine in den Wald geworfene Zigarette, sie ist ebenfalls Gift, insbesondere für kleine Lebewesen. Ihr vergiftet euch ja selbst durch den Konsum von Zigaretten, doch dies ist eure eigene Entscheidung. Aber das kleine Lebewesen, dem ihr mit eurer Unachtsamkeit schadet, hatte diese Entscheidung nicht.

Ihr solltet bei allem, was ihr tut, die Folgen bedenken – sei es nun im Umgang mit der Natur, mit anderen Menschen, aber auch mit euch selbst. Wenn ihr diesen Ratschlag befolgt, seid ihr schon wieder einen großen Schritt weitergekommen.

Dana möchte uns hier sensibilisieren und uns anregen, über das nachzudenken, was wir jeden Tag tun. Denn alles, was wir tun, hat eine Folge. Am Beispiel der Zigarette wird dies deutlich: Es ist natürlich unsere eigene Entscheidung zu rauchen - denn Gottes größtes Geschenk an uns ist der freie Wille. Doch welcher Raucher ist sich schon bewusst, dass er auch einen Baum zerstört für das Zigarettenpapier? Wer hat schon einmal darüber nachgedacht, dass er, wenn er seine Kippe achtlos wegwirft, der Natur weiteren Schaden zufügt? Es geht darum, dass jeder Einzelne in der Lage ist, etwas für die Natur zu tun.

Viele gedankenlose Handlungen könnten vermieden werden, wenn wir uns vor der Handlung Gedanken gemacht hätten - denn dann wären sie nicht mehr gedankenlos.

Durch unseren materiellen Wohlstand haben wir verlernt, Ressourcen zu schonen. Früher hatte man nicht die Mittel, ständig Neues anzuschaffen. Deshalb ging man sorgfältiger mit den alltäglichen Dingen des Lebens um. Als Beispiel sollen hier einmal zerrissene Socken oder das Tragen von Lederschuhen dienen. Socken werden oft aus Baumwolle hergestellt. Wenn ein Loch in der Socke ist, wird sie in der Regel nicht wie früher gestopft, sondern weggeworfen. Dies hat einerseits Müll zur Folge, andererseits braucht man neue Socken, also auch neue Baumwolle. Je größer die Wegwerfmentalität wird, desto mehr Baumwolle und desto mehr Anbaufläche benötige ich. Ein Lederschuh - aus der Haut eines Tieres gemacht - wird ohne Pflege schnell verschleißen. Ein neuer Lederschuh muss her, ein neues Tier stirbt. Dies ist keine Anklage gegen die Gesellschaft, aber der Versuch, uns bewusst zu machen, dass wirklich jedes Handeln Folgen hat!

Stille

Wir haben schon einmal über die innere Stimme und die Stille gesprochen. Still sein mit sich bedeutet, allen äußeren Einflüssen zu entsagen. Stellt euch einmal mitten in den Wald, mit beiden Füßen fest auf der Erde stehend – und werdet still. Versucht, euer Herz zu fühlen, zu spüren, wie es schlägt, und ihr werdet den Kreislauf der Natur in euch aufnehmen.

Ihr Menschen sucht in vielen Dingen die Zerstreuung, sei es laute Musik, sei es der Fernseher, sei es die lärmende Kneipe. Immer und überall werdet ihr beschallt. Wie solltet ihr noch jemals die Stimme eurer Engel, geschweige denn eure eigene Stimme hören? Und ihr wollt sie oft nicht hören. Denn diese innere Stimme ist euer Wächter, euer Mahner und würde euch bestimmt einiges von dem verbieten, was ihr tut. Sie mahnt euch zum Beispiel, euch mehr zu bewegen, wieder mehr und intensiver mit Menschen zusammenzuleben, ihnen Liebe und Toleranz zu schenken. Aber sie ermahnt euch insbesondere dazu, euch selbst wahrzunehmen, eure einmalige göttliche Natur zu spüren und in euch aufzunehmen.

Doch dies erscheint euch lapidar. Nein, ihr verkriecht euch in spirituelle Dinge, lernt aus Büchern und in Seminaren, statt von euch selbst zu lernen. Dabei ist eure innere Stimme der beste

Ratgeber, den ihr habt. Doch man kann sie nur hören, wenn man in die Stille geht und mit sich still ist. Mit sich still sein bedeutet auch, alle Gedanken, Sorgen und Ängste über finanzielle Dinge, über den Beruf, über die Ehe einmal auszuschalten. Hört auf eure Herzen, und ihr werdet alle Antworten, die ihr sucht, finden.

Doch noch einmal: Ihr sucht sie in schlauen Büchern. Ihr geht zu selbst ernannten Gurus. Ihr geht zu Menschen, von denen ihr glaubt, dass sie etwas Höheres seien als ihr selbst. Dies gibt es nicht. Gott hat alle Menschen gleich gemacht. Sie erscheinen euch nur deshalb so hochstehend, weil ihr euren eigenen Wert noch nicht gefunden habt. Doch wie könnt ihr ihn auch finden, wenn ihr euch selbst immer verleugnet und euch beständig weigert, eure innere Stimme zu hören?

Wenn ihr glaubt, keinen Ausweg zu finden, so grübelt ihr, nächtelang. Es raubt euch den Schlaf, den Gott euch geschenkt hat, um wieder in die Stille zu kommen. Was glaubt ihr wohl, warum die Stille so wichtig ist? Warum glaubt ihr wohl, dass der Schlaf von Gott erfunden wurde? Hätte er euch denn nicht einfach jeden Tag und jede Nacht leben lassen können? Nein, er fordert von euch die Stille, die ihr in der Regel nur noch im Schlaf findet. Doch auch hier versucht ihr wieder, besondere Dinge zu tun.

Natürlicher Schlaf bedeutet auch, dass ihr euch vorher keine Schlaftabletten, keine Beruhigungsmittel, kein Baldrian verabreicht. Ja, jetzt werdet ihr mir entgegenwerfen: "Aber ich habe doch Schlafstörungen!" Diese Schlafstörungen sind deshalb da, weil eure innere Stimme so sehr danach drängt, gehört zu werden, dass sie euch dann kurz vorm Einschlafen, wo ihr das einzige Mal am Tag still seid, versucht aufzuschrecken, zu warnen. Und doch wehrt ihr euch wieder dagegen. Ihr kämpft gegen diese innere Stimme an, statt sie zuzulassen. Schon ist die letzte Zufluchtsmöglichkeit, die ihr habt, nämlich der Schlaf, in dem eure innere Stimme auch mit den Engeln kommunizieren könnte, wieder gestört.

Ihr solltet bei allem, was ihr tut, immer darauf hören, was euer Bauch und euer Herz euch sagen. Manchmal überstimmt euch euer Geist, und das ist auch in Ordnung so, denn im Zusammenleben der Menschen ist es manchmal notwendig, den Geist - oder wie ihr sagt: den Verstand - mit einzubeziehen. Aber das, was ihr als Verstand bezeichnet, ist nur ein kleiner Teil des Geistes. Denn alles, was ich euch zuvor sagte, gehört zu eurem Geist - nicht nur die Vernunft.

Dana rät uns Menschen hier, dringend der Hektik und insbesondere dem Lärm des Tages zu entfliehen. Als Mittel dazu kann dienen, mal wieder ganz alleine für sich spazieren zu gehen - ohne Walkman, ohne Begleitung und möglichst in einem Teil der Natur, der relativ geräuscharm ist. Denn durch den ständigen Lärmpegel um uns - das Telefon, der Fernseher, die Meetings mit Arbeitskollegen, die Diskussion mit Freunden - versteht man oft sein eigenes Wort nicht mehr.

Sein eigenes Wort nicht mehr verstehen, ist in diesem Fall ganz wörtlich zu nehmen: Man versteht die Stimme seines Herzens nicht mehr, weil man gar nicht mehr darauf hört. Auch hier in dieser Durchsage versucht Dana, uns wieder daran zu erinnern, dass wir wieder mehr auf uns selbst hören sollten. Wahrscheinlich ist das aber gar nicht so einfach, weil man es über Jahre, Jahrzehnte verlernt hat. Doch wir können es wieder lernen. Indem wir uns erlauben, uns wieder Zeit für uns zu nehmen.

Gehen Sie es langsam an, und erwarten Sie keine Wunderdinge, keine Veränderung von heute auf morgen. Aber vielleicht schaffen Sie es ja mal wieder, einen Spaziergang mit sich selbst zu machen - seien Sie neugierig auf sich!

Der kleine Baum – sich selbst begreifen

Dana führte mich bei dieser Durchsage mitten in ein Waldstück voller Tannen und Fichten. Es war dort recht dunkel, und nur wenig Licht drang durch die Wipfel. Und doch zeigte sie mir dort eine circa drei Meter kleine Buche, die inmitten dieses Waldstückes wuchs. Vor diesem Hintergrund ist das Gesagte zu verstehen.

Dieser kleine Baum (die Buche) hier, der viel schmächtiger ist als alle anderen, ist doch derjenige, der euch das meiste Grün hier unten zeigt. Dieser Baum zeigt den ewigen Kreislauf, den Gott für euch auf dieser Welt angestrengt hat. Der kleine Baum schert sich nicht darum, dass er klein und schmächtig ist. Er ist sich seiner Würde bewusst, und er ist sich bewusst, dass er etwas Neues ist. Ein kleines Pflänzchen inmitten der vielen Stämme, die um ihn herum groß und glanzvoll stehen und wachsen. Und doch ist er in der Lage, zum Licht zu kommen, indem er seine grünen Blätter der Sonne entgegenstreckt und die wenigen Lücken, die hier im Wald sind, einfach ausnutzt.

Was will ich euch damit sagen? Ein kleiner Baum überlebt und wächst sogar inmitten von großen, mächtigen Tannen und Fichten.

Er zeigt stolz seine grünen Blätter, er ist der Einzige seiner Art weit und breit und doch hat er es geschafft, er hat sich behauptet, denn er hat an sich geglaubt. Er hat "geglaubt", das Wachstum erreichen zu können, und er glaubt daran, das Licht erreichen zu können. Und er schafft es!

Was zeigt euch dieses Bild? Ich will euch, liebe Erdenbürger, damit sagen, dass ihr euch eurer selbst mehr bewusst werden solltet. Ihr klagt darüber, dass ihr kein Selbstvertrauen habt, ihr lamentiert, dass ihr vielleicht keine so tolle Figur habt, eine krumme Nase oder dicke Beine. Doch wie sollt ihr wachsen können, wenn ihr ständig lamentiert? Euer Verstand sagt euch, dass ihr nicht gut genug seid, und euer Verstand hat leider euren Geist außer Kraft gesetzt.

Denn der Geist besteht aus viel mehr als aus eurem Verstand, aus dem, was ihr sagt und denkt. Euer Geist besteht aus Höherem: Riechen, Schmecken, aus allen euren Sinnen. Doch dies vergesst ihr. Nun werdet ihr fragen: "Was nützt mir das, wenn ich zu dick bin?" Ihr habt es zugelassen, dass ihr so dick geworden seid. Ihr futtert alles in euch hinein und glaubt, damit euren Geist zu ernähren. Dies funktioniert am Anfang, weil ihr euch den Genüssen hingebt, also einer Freude für den Geist. Doch wie bei jeder Sucht lässt die Wirkung nach, und ihr müsst noch mehr essen. Am Ende ist es kein Genuss mehr, sondern eine reine Suchtbefriedigung.

Geistige Nahrung führt ihr euch nicht mehr zu, obwohl sie materielle Nahrung zum Teil ersetzen könnte. Wann habt ihr das letzte Mal eine frisch gemähte Wiese wirklich so gerochen, dass ihr davon begeistert wart? Wann habt ihr das letzte Mal tief mit euren Händen in der Erde, in der Mutter Erde gewühlt? Wann habt ihr gespürt, dass es hier etwas gibt, das einmalig ist? Wann habt ihr das letzte Mal gehört - neben eurer inneren Stimme, über die ich in einer der letzten Durchsagen schon sprach -, wie Menschen zu euch reden? Ihr solltet nicht darauf achten, was sie sagen, sondern wie sie zu euch reden, welche Energie sie euch entgegenbringen.

Wann habt ihr das letzte Mal gerochen, wie ihr riecht, wie ihr selbst riecht, wenn ihr glücklich seid? Habt ihr schon einmal festgestellt, dass ihr anders riecht, dass euer Schweiß anders riecht, wenn ihr glücklich, zufrieden und ausgeglichen seid? Bestimmt nicht. Die meisten Menschen möchten ihren Schweiß nicht riechen. Auch dies ist wieder ein Teil, den sie ablehnen, doch er gehört zu euch. Ihr wollt ihn nicht riechen, weil ihr euch selbst nicht riechen könnt. Denn auch eure Gerüche sagen etwas über euch aus, was ihr lieber verschweigen wollt.

Ihr lieben Menschen - noch ein Mal: Euer Geist ist viel mehr als euer Verstand. Würdet ihr doch öfter auf euren Geist hören und ihn auch benutzen, statt ihn auf das Reden und Denken zu reduzieren. Das Zuhören ist eine der schwersten Übungen, die ihr Menschen zurzeit zu bewältigen habt (ihr konntet es schon einmal besser). Es kommt zu so vielen Missverständnissen, weil ihr nicht zuhört und euer Gegenüber nicht anschaut. Denn es sagt euch zwar auch etwas in seiner Rede, doch seine Gesten, seine Mimik, seine Augen sagen oft etwas ganz anderes. Ihr würdet die Menschen viel besser verstehen, wenn ihr ihnen zuhören und sie ansehen würdet.

Doch verschämt schlagt ihr die Augen nieder, wenn man euch anschaut. Wenn ihr die Augen niederschlagt, so merkt ihr, dass der andere euch durchschaut, und dies möchtet ihr nicht. Denn ihr schaut euch ja selbst schon nicht an, warum sollte es ein anderer tun oder warum solltet ihr einen anderen anschauen? Verschämt die Augen niederzuschlagen bedeutet auch, dass ihr euch für euch selbst schämt. Wie kann es sein, dass ihr euch für euch selbst schämt? Habt ihr doch eure Natur und eure Gestalt von Gott geschenkt bekommen! Dies muss euch doch stolz machen. Nein, stattdessen mäkelt ihr daran herum.

Begreift die wunderbare Welt und Natur Gottes, indem ihr euch selbst begreifen lernt.

Dana zeigt, dass es nicht auf Größe oder Schönheit ankommt, um geistig zu wachsen. Vielmehr sollte man sich seiner selbst bewusst werden (Selbstbewusstsein wird bei uns in der Gesellschaft leider oft nur in einer Weise interpretiert: nämlich das Zeigen von Stärke). Sich seiner selbst bewusst werden, bedeutet allerdings, sich nicht an Äußerlichkeiten aufzuhalten, sondern sein Inneres wahrzunehmen. Dieses Innere ist uns von Gott geschenkt worden und überstrahlt immer das Äußere - wenn wir es zulassen.

Damit wird auch klar, was gemeint ist, wenn von innerer Schönheit die Rede ist. Menschen mit innerer Schönheit werden diese auch im Außen zeigen, selbst wenn sie nicht den gängigen Schönheitsidealen entsprechen. Diese Schönheitsideale werden im Übrigen von Menschen gemacht - müssen sie Schönheit definieren, weil sie ihre eigene Schönheit nicht begreifen? Damit scheinen auch Schönheitsoperationen, die dem Erreichen eines Ideals dienen, selten notwendig - vielmehr sollten diese Menschen versuchen, ihre innere Schönheit zu entdecken, bevor sie an der äußeren Schönheit basteln. Genau wie der kleine Baum können auch wir wachsen, wenn wir uns nur unseres Wertes selbst bewusst werden.

Der zweite Aspekt, den Dana hier beleuchtet, ist der, dass der Mensch seinen Geist nur auf den Verstand - das Reden und Denken - reduziert. Alle anderen Sinne werden oft ignoriert. Dies führt im zwischenmenschlichen Bereich oft zu Fehlinterpretationen unseres Gegenübers. Würde ich ihm richtig zuhören, ihn dabei mit offenen Augen ansehen, würde ich ihn in seiner Ganzheit wahrnehmen, wüsste ich eher, was mein Gegenüber mir mitteilen will. Durch die Konzentration auf das gesprochene Wort entgehen uns viele Nuancen sowie die wahren Absichten unserer Gesprächspartner.

Vielen, die diese Botschaft lesen, entgeht vielleicht der Zusammenhang zwischen dem "Sich-selbst-bewusst-Sein" und dem Aspekt des Einsatzes des gesamten Geistes, zu dem auch das Zuhören gehört. Er ergibt sich einfach aus der Formel: Wer sich seiner selbst bewusst ist, kann seinen Kommunikationspartner bewusst wahrnehmen. Zum Wahrnehmen gehören eben alle Sinne und nicht nur das gesprochene Wort. Mein Gegenüber ist mir immer mehr als ein Gesprächspartner, es spiegelt mich. Wenn ich es bewusst wahrnehme und mir bewusst mache, dass diese Wahrnehmungen etwas mit mir zu tun haben, werde ich mir mit dem eigenen Bewusstsein sehr viel leichter tun (weil ich mich in meinem Gegenüber erkenne). In der Folge werde ich auch meine Mitmenschen sehr viel klarer erkennen und tolerieren können.

Der göttliche Funke in uns

Auch du bist ein Suchender ... wie so viele Menschen. Menschen suchen immer. Sie suchen nach der Erleuchtung, sie suchen nach Weisheit, sie suchen nach allen Tugenden, die Menschen als solche bezeichnen. Oder sie suchen das Gegenteil davon und finden es gut, wenn sie kriminell sind, wenn sie böse Dinge tun.

Dies zeigt, wie sehr sich eure Welt in Gut und Böse spaltet, weil ihr verlernt habt, euch zu akzeptieren, wie ihr seid. Ein Baum hat kein Gut und Böse. Ihr kämet nie auf die Idee, einen Baum als gut oder böse zu bezeichnen, sondern ihr betrachtet einen Baum, wie er nun einmal ist, als etwas, das ist. Warum könnt ihr dies bei euch nicht? Warum könnt ihr das bei euren Mitmenschen nicht. Das Gebot der Nächstenliebe sagt euch, dass ihr euren Nächsten so lieben sollt, wie euch selbst. Euch selbst liebt ihr aber nicht, sondern nur einen Teil. Wie solltet ihr jemals jemanden lieben können, der vielleicht genau den anderen Teil, den ihr in euch tragt, zeigt?

Jeder Mensch, der euch begegnet, hat eine energetische Aufgabe. Und würdet ihr nur ein bisschen lauschen, ein bisschen sehen, so könntet ihr hören, was dieser Mensch eurer Seele zu sagen hat. Manchmal ist es nur eine Kleinigkeit, manchmal schenkt er euch ein Lächeln, weil ihr vergessen habt zu lachen. Und habt ihr schon mal festgestellt, dass ein Lächeln in der Regel immer ein Lächeln hervorruft? Aber warum benötigt ihr unbedingt einen anderen Mensch, um zu lächeln, um Freude zu empfinden? Warum habt ihr keine Freude an euch? Seht die wundervolle Schöpfung, die Gott in euch gelegt hat. Ihr seid nicht dazu verdammt, ständig nach Leistung zu streben, vielmehr möchte Gott euch lachen sehen. Er möchte sehen, dass ihr Freude habt an dem Geschenk, das er euch gegeben hat. Stattdessen lamentiert ihr, verlangt nach noch mehr Arbeit, um euch zu betäuben.

Dies ist sowieso eine der herausragenden Eigenschaften, die die Menschen haben: sich betäuben, sei es mit Alkohol, Drogen, Medikamenten, aber auch mit der Sucht nach Anerkennung, Liebe, Reichtum und so weiter. Es gibt so vieles, was ihr euch zunutze macht, um euch zu betäuben. Und alles dient nur einem Zweck: nicht zu schauen, nicht zu hören, nicht die Hilferufe eurer Seele wahrzunehmen, denn dann müsstet ihr handeln.

Menschen, die handeln, sind selten geworden.

Es gibt auch viele Menschen, die versuchen, mit Spenden, mit guten Werken ihr Gewissen zu beruhigen. Natürlich begrüßt die Engelwelt ein solches Handeln, doch viel mehr würden wir es begrüßen, wenn jeder Mensch auf seine Engel, aber insbesondere auf seinen eigenen göttlichen Funken hörte. Doch wisst ihr, es ist leider so, dass ihr nicht in der Lage seid, diese Stimme zu vernehmen, denn eure Süchte verlangen von euch vollste Aufmerksamkeit. Und jedes Mal, wenn ihr euch ihnen hingebt, stirbt ein bisschen mehr von eurer Seele. Ihr versucht, sie dadurch wiederzugewinnen, dass ihr in die Kirche geht, doch ihr betet lediglich mit halbem Herzen. Ihr könntet so viel erreichen, wenn ihr euer Herz wahrnehmen und danach bitten würdet, was euer Herz verlangt. Es würde euch helfen, wenn ihr eure Bitten auf euch selbst lenken würdet, und zwar in der Weise, dass ihr ein Fürgebet für euch sprecht, das wie folgt lauten könnte:

Lieber Herr im Himmel, lass mich jeden Tag mich schauen, lass mich deinen göttlichen Funken, lass mich dein Leben in mir schauen und wahrnehmen. Lass mich jubilieren über das, was du mir geschenkt hast, als du mich auf diese Welt gebracht hast. Lass mich mich selbst annehmen, so wie ich bin, und hilf mir dabei, immer wieder zu erkennen, welch göttliches Wesen ich bin. Hilf mir dabei, mich nicht zu verurteilen für das, was ich bin, sondern hilf mir dabei, mich so zu lieben, wie ich bin, denn dann werde ich deine göttliche Weisheit in mir entdecken. AMEN.

Könnte so ein Gebet nicht viel mehr helfen als alle Gebete, die dazu dienen sollen, euch Ungemach vom Hals zu schaffen? Dieses Ungemach zieht ihr - mit eurer Energie in euch - an euch heran, und ihr seid überrascht, dass es euch widerfährt. Warum tut ihr so überrascht? Ihr habt es doch vorher schon gewollt! Denkt darüber nach, und versucht, eurem Leben diese göttliche Weisheit zu geben. Dann werdet ihr geistig wachsen, und ihr werdet Welten entdecken, die euch lange verborgen waren.

Dana präzisiert hier ihre Aussagen insbesondere aus dem vorhergehenden Kapitel, bezieht aber auch noch die Seele mit ein. Wir lassen unser Leben insgesamt viel zu sehr von äußeren Einflüssen dominieren, statt erst einmal auf uns selbst zu schauen. Dabei sollte das eigene Handeln immer wieder selbstkritisch hinterfragt werden. Wir wären gut beraten, wenn wir nicht die Welt verändern wollten, ohne uns selbst weiterentwickeln zu wollen.

Dazu wäre es auch wichtig, wieder Zutrauen zu sich zu erlernen sowie das Vertrauen in Gottes Wege. Dies auszuprobieren, erfordert Mut und Geduld - insbesondere bei kleinen Rückschlägen, die Gott uns auferlegen wird. Doch diese Rückschläge sind dazu da, um uns zu prüfen, ob wir weiterhin den Mut und das Vertrauen in Gottes Weg haben. Ich wünsche allen, die sich hier angesprochen fühlen, den Mut und die Geduld, einmal diesen neuen Weg auszuprobieren und zu erkennen, welch wunderbare Natur Gott in jedem Menschen angelegt hat.

Die Quelle des Lebens – Teil 1

Die Quelle des Lebens ist das Wasser, das in euch fließt, und das Wasser, das auf diesem Planeten Erde fließt. Wasser ist ein großes Wunder der Natur. Und Gott hat es so geschaffen, dass die Wissenschaftler, die versuchen, all die Phänomene, die mit dem Wasser zusammenhängen, es niemals vollständig erforschen können. Denn Wasser ist mehr als eine Flüssigkeit, es ist der Lebensträger.

Ihr geht mit Wasser allerdings sehr sorglos um. Ihr erfrischt euch damit, indem ihr es trinkt oder darin badet, und ihr glaubt, damit sei auch automatisch euer Geist erfrischt. Dies funktioniert zwar für euren Körper recht gut, doch nicht für euren Geist. Euer Geist benötigt viel mehr als Wasser. Ihr braucht die Gesamtenergie, den Fluss des Lebens.

Der Fluss des Lebens ist schon so etwas wie ein Fluss im materiellen Sinne. Aber er besteht eben nicht nur aus Wasser, er ist vielmehr der energetische Ursprung des Lebens.

Habt ihr schon einmal gesehen, dass ein Bach, insbesondere an seiner Quelle, immer im Fluss ist? Es passiert immer etwas Neues, jeden Tag. Die Erde wird umgewälzt und so immer wieder neu erschaffen, es wird Luft eingefangen, Tiere ernähren sich, Tiere entstehen im Wasser. Und alles hat den Ursprung in dieser Quelle.

Auch ihr habt eine Quelle in euch. Die Quelle eures Herrn, euren göttlichen Funken. Er ist die energetische Quelle, die euch nähren kann - er ist es, der den Fluss des Lebens in euch speist. Doch ihr lasst ihn im Lauf des Lebens versiegen. Jedes Kind spürt lange diese Quelle des Lebens und handelt deshalb viel ehrlicher und authentischer, als ihr es in der Regel tut. Und weil ihr Erwachsenen diese Wahrheiten, diesen Spiegel, den euch eure Kinder vorhalten, nicht ertragen könnt, bringt ihr den Fluss des Lebens in den Kindern mit der Zeit durch Regeln und Verbote zum Versiegen. Dabei habt ihr doch mit der Geburt eures Kindes dem Kind erst die Möglichkeit gegeben, dem Fluss des Lebens zu folgen. Warum könnt ihr nicht akzeptieren, dass eure Kinder euch so viel näherstehen, als ihr selbst zu euch steht?

Kinder können tief in eure Augen und damit in eure Seelen blicken. Doch dies ist vielen Erwachsenen lästig oder gar unangenehm. Daher wird den Kindern diese Gabe abtrainiert, und so werden sie so, wie die Erwachsenen schon sind. Wer kennt nicht den Satz "Starr den Fremden nicht so an!", wenn ein Kind mal wieder einen fremden Menschen minutenlang mit seinen Augen fixiert. Solche Beispiele gäbe es noch viele. Dabei könntet ihr von diesen Kindern lernen, den Fluss des Lebens in euch fließen zu lassen.

Kinder bewerten nicht, wenn sie auf die Welt kommen, zumindest nicht in der Form, in der ihr es tut. Kinder spüren bei Menschen den Fluss des Lebens. Und jeden Menschen, bei dem der Fluss des Lebens noch nicht vollständig versiegt ist, begrüßen sie auf das Herzlichste, können sie doch mit diesem Menschen spielen und lachen. Ihr versagt euch so viel, weil ihr glaubt, dass ihr wider die Natur handelt, wenn ihr als Erwachsener plötzlich tanzt oder spielt. Warum? Ich habe euch schon einmal gesagt: Ihr seid alles, nicht nur ein Teil. Ihr betont den Erwachsenen in euch so sehr, dass ihr alles Kindliche, eure kindliche Unbedarftheit, kindliche Autorität, kindliche Ehrlichkeit und kindliche Gerechtigkeit einfach beiseiteschiebt. Ihr erlaubt eurem Verstand, all dies zu überdecken. Wäret ihr doch nur in der Lage, den Fluss des Lebens in euch wahrzunehmen und zu akzeptieren, dass ihr ein Teil Gottes seid und dass alles, was geschieht, einem höheren Zwecke dient. Doch ihr dient nur euch!

Manche von euch vernachlässigen sogar ihre Kinder, um sich selbst zu verwirklichen - warum haben sie dann Kinder gewollt? Sie könnten sich wahrhaftig verwirklichen, wenn sie nur ihre Kinder anschauen und begreifen würden, wie viel sie ihnen über sich selbst sagen können. Jeden Tag wird euch von euren Kindern der Spiegel vorgehalten. Doch ihr seid blind, blind für euch geworden. Und ihr wollt diese Energien, die euch eure Kinder entgegenbringen, nicht spüren, weil ihr glaubt, dass diese nicht zu eurem Leben dazugehören. Doch der Fluss des Lebens ist nicht berechenbar, und er kann nur dann fließen, wenn ihr es zulasst, ohne Angst vor den Folgen. Dann werdet ihr sehen, wie viel Herzenswärme und Liebe ihr spüren könnt, wenn ihr nur zulasst, dass die Quelle von eurem Gott in eurem Herzen fließen und wirken darf.

Dana beschreibt hier eindrucksvoll, wie wir gesegnet mit dem Fluss des Lebens auf die Welt kommen - und wie wir diese Quelle im Laufe unseres Lebens nach und nach wieder verlieren. Beobachten Sie doch einmal Kinder, wenn sie verträumt in einer Ecke stehen und scheinbar völlig losgelöst von dieser Erde irgendwohin schauen. Dies ist der Moment, in dem sie zum einen völlig bei sich sind und zum anderen ihren Engeln zuhören. Oft unterbinden wir - unwissend - diese Verbindung, indem wir die Kinder aus diesen Träumen reißen. Wir alle kennen den Satz: "Was träumst du denn wieder herum?" Mit der Zeit wird das Kind verinnerlichen, dass diese Zeiten der inneren Einkehr in der Erwachsenenwelt nichts zu suchen haben, und sie aufgeben. So wie die meisten Erwachsenen.

Oder ein anderes Beispiel: Mitten im Kaufhaus, im Restaurant oder auf der Straße fängt ein Kind an, hüpfend und lachend zu laufen. Dann ist das Kind im Hier und Jetzt völlig glücklich mit sich selbst; es verleiht seiner Freude über diesen Augenblick Ausdruck. Doch wie oft kommt dann die Aufforderung: "Benimm dich!" - Ein Kind weiß gar nicht, warum der Ausdruck seiner Freude ein falsches Benehmen ist. Natürlich braucht ein Kind Grenzen und Regeln, damit es sich in dieser Welt zurechtfinden kann. Doch warum verbieten wir ihm, seinen Fluss des Lebens zu leben? Kann es sein, damit wir nicht täglich daran erinnert werden wollen, wie sehr wir unseren eigenen Fluss des Lebens ignorieren?

Vielleicht könnten wir selbst ein wenig von den Kindern lernen. Zum Beispiel wäre es bestimmt von Nutzen, wieder ab und zu die Zeit der inneren Einkehr zu zelebrieren. Das heißt, Augenblicke, in denen wir uns selbst spüren, einfach genießen und dieser Freude vielleicht sogar Ausdruck verleihen. Sollten wir diese Augenblicke gar nicht mehr haben, so können wir sie doch wieder in unser Leben integrieren.

Versuchen Sie doch einmal, ganz alleine in einem Zimmer in der Stille zu sitzen oder zu liegen. Lauschen Sie dann Ihrem Atem, berühren Sie Ihr Herz und/oder Ihren Bauch - einfach sich selbst einmal wieder spüren. Möglicherweise fühlt sich das im ersten Versuch fremd und eher unangenehm an, aber Ihre Seele muss erst wieder lernen, dass Sie sie wieder wahrnehmen wollen. Wenn Sie Geduld haben, werden Sie bald Ihr inneres Kind hören oder spüren. Dann kann der Fluss des Lebens in Ihnen wieder anfangen zu fließen.

Die Quelle des Lebens – Teil 2

Ihr verzweifelt an Kindern, insbesondere an Kindern, die ihr hyperaktiv nennt oder mit dem ADS-Syndrom belegt. Ja, diese Kinder sind besonders motiviert, Leben in diese Welt zu bringen. Sie haben einen Überfluss an Energie, den ihre Eltern leider nicht mehr haben. Würden ihre Eltern nur ein wenig dieser Energien in sich aufnehmen, könnte ihr Kind wieder ruhiger werden.

Doch ihr glaubt, ihr müsstet sie ruhigstellen, und gebt ihnen Medikamente. Dies ist eure Antwort auf das Leben. Warum glaubt ihr eigentlich, dass Gott so viele dieser Kinder auf diese Welt schickt? Meint ihr nicht, dass dies eine Ursache hat? Könnte diese Ursache sogar in euch liegen? Ihr habt so oft schon die Quelle des Lebens in euch verschwiegen, totgeschwiegen. Manchmal tötet ihr sie sogar ganz.

Wir schicken daher Kinder zu euch, die euch daran erinnern sollen, dass es etwas anderes gibt. Doch ihr schaut nur genervt darauf und seid verzweifelt. Wie kann ein Kind nur so auf diese Welt kommen? Es will sich mit euch beschäftigen. Es will euch dazu führen, dass ihr wieder die Quelle des Lebens in euch spürt und zulasst, dass der Fluss des Blutes in euch – ein Spiegelbild aller

Quellen dieser Welt – wieder so pulsiert, dass Freude in eurem Herzen ankommt. Doch statt das zu erkennen, sperrt ihr eure Kinder weg, statt mit ihnen zu spielen, in die Natur zu gehen, ihnen zuzuhören, sie toben zu lassen.

Lasst sie!

Versucht, diese Energie in euch aufzunehmen. Nehmt einen Teil davon an, und ihr werdet wachsen ... und euer Kind wird ruhiger werden. Es ist eine Wohltat für ADS-Kinder, wenn ihr in der Natur mit ihnen balgt. Lasst sie einmal in einer Quelle oder in einem Flüsschen mit nackten Füßen toben. Ihr werdet merken, insbesondere wenn ihr mit in dieses Flüsschen geht, wie sehr doch dieser Fluss des Lebens ihrem Rhythmus gleicht und sie trotz allem beruhigt. Denn die Gleichförmigkeit, die ein Bach, eine Quelle an den Tag legt, ist das, was den Kindern fehlt.

Sie versuchen, euch zu erreichen, doch leider habt ihr kein Ohr dafür. Sie versuchen, euch zu zeigen, dass ihr wieder aus eurer Totenstarre erwachen sollt. Stattdessen stellt ihr sie ruhig, damit sie so tot sind, wie ihr selbst. Bedenkt: Alles, was in diesem Leben geschieht, geschieht zu eurem Besten. Das heißt, wenn solch ein Kind in die Welt geboren wird, hat es seiner Umgebung etwas abzugeben, nämlich Energie. Tanzt daher mit diesen Kindern, singt mit ihnen, sprecht mit ihnen, seid für sie da und nehmt euch alle Freiheiten, die ihr benötigt.

Nun werden sicherlich viele Eltern sagen, dass ihnen dafür die Zeit fehlt. Diesen Eltern möchte ich entgegenhalten, dass sie ihre Zeit genauestens überprüfen und überlegen sollen, wie viel Zeit sie mit unnützen Dingen verschwenden. Wir wissen, dass diese Eltern dies selten hören wollen. Doch sie werden nur dann Fortschritte mit sich und ihrem Kind erzielen, wenn sie sich Zeit nehmen für sich und jede Begegnung mit ihrem Kind. Hyperaktivität ist eine Chance auf ein Wachsen der Eltern, das ein Ruhigerwerden des Kindes nach sich ziehen wird. Lasst Liebe fließen, und es wird ein Ausgleich geschehen.

In diesem konkreten Beispiel zeigt uns Dana, welche Auswirkungen es für Erwachsene haben kann, wenn sie den Fluss des Lebens (siehe auch das Kapitel "Quelle des Lebens - Teil 1") in sich verleugnen. Meistens wird leider nicht erkannt, dass Gott scheinbar hyperaktive Kinder auf die Welt bringt, um den Erwachsenen zu helfen. Damit ist wieder einmal aufgezeigt, dass jede Seite an einem Menschen dazu dient, anderen Menschen zu helfen. Wir sollten deshalb diese Kinder nicht als Strafe, sondern als Chance begreifen. Dies bedeutet für die betroffenen Eltern zwar eine Abkehr von ihrem bisherigen Leben, sie sollten aber die Neugier aufbringen, sich selbst neu zu entdecken. Dann haben sie die Möglichkeit, diese Chance auch zu ergreifen.

Ich wünsche allen, die sich in solch einer Situation befinden, dass sie ihre Chance erkennen, ergreifen und damit zu ihrer Quelle des Lebens zurückfinden.

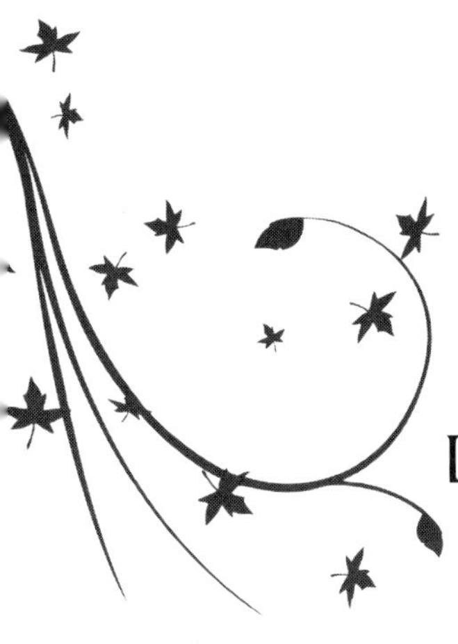

Der Fluss des Lebens

Es ist eine Eigenart von euch Menschen, dass ihr immer fremde Stimmen hören wollt und dass ihr auch fremde Stimmen dafür verantwortlich macht, was euch widerfährt. Glaubt ihr wirklich, dass ein Bach, der um eure Füße rauscht, auf fremde Stimmen hören würde? Er fließt vor sich hin, weil dies seine Aufgabe ist, und er würde sie nie infrage stellen. Genauso wenig würde er sein eigenes Gemurmel von anderen Stimmen übertönen lassen. Er hört immer nur sich selbst zu und bewältigt seine Aufgabe, die euch stumpfsinnig erscheinen mag, nämlich das Fließen – und das sogar in nur eine Richtung.

Doch diese Aufgabe dient vielerlei Leben in der Natur. Dieser Fluss symbolisiert den Lebensweg – er entsteht und er vergeht und zeigt damit den steten Kreislauf des Lebens.

Ihr müsst nicht ständig nach anderen Kreisläufen in eurem Leben suchen, sondern erst einmal euren eigenen Kreislauf entdecken. Ihr Menschen seht die Statistik, dass Herz-Kreislauf-Erkrankungen die meisten Tode verursachen und viele, viele Menschen betreffen, die an Bluthochdruck oder zu niedrigem Blutdruck oder an Kreislaufschwäche leiden. Was tut ihr? Das, was ihr immer tut. Ihr geht zum nächsten Arzt, der euch dann auch entsprechend ein Medikament gibt, das dies einstellt. Doch ihr denkt nicht einmal daran, eure Lebensweise zu ändern.

Es ist doch ganz normal, dass ein Blutdruck auch einmal schwankt. Vergleicht es mit dem Bach. In Zeiten der Schneeschmelze oder der Frühlingshochwasser steigen die Bäche an und haben eine schnellere Fließgeschwindigkeit, und dann im Sommer, wenn es trocken ist und zu wenig Wasser fließt, ist die Fließgeschwindigkeit eben geringer. Würdet ihr darauf kommen, einem Bach ein Medikament zu geben, das die Fließgeschwindigkeit des Wassers verringert oder erhöht? Nein, vielmehr würdet ihr sagen, das ist eben die Natur des Baches.

Doch eure eigene Natur, die verleugnet ihr. Das erste Anzeichen von Bluthochdruck löst bei euch Panik aus. Ihr seid "dank" der Medien schon so sensibilisiert, dass dies ein Mangel ist, dass ihr bereits bei den ersten Anzeichen zu einem Medikament greift, statt zu forschen, was eure Natur ist. Vielleicht signalisiert euch dieser Bluthochdruck gerade, dass ihr euch mehr bewegen müsst, schneller fließen müsst, denn dann würde sich der Bluthochdruck von alleine wieder senken. Doch stattdessen glaubt ihr, ihr müsstet noch mehr Ruhe halten. Und was geschieht? Der Bluthochdruck steigt noch mehr. Ihr seid noch mehr in Sorge, und schon seid ihr in der medizinischen Maschinerie. Genauso ist es, wenn euer Blutdruck zu niedrig ist. Dann glaubt ihr, ihr müsstet Kaffee trinken oder sonstige Dinge tun, euch verausgaben, um dann festzustellen, welch kurzzeitigen Effekt dies hat. Vielleicht müsst ihr eurem Blut gerade einmal ein wenig innere Ruhe gönnen, damit es wieder fließen kann.

Doch es kann umgekehrt genauso gut sein, dass derjenige, der Bluthochdruck hat, seinem Geist keine Ruhe gegeben hat, und deshalb muss sein Blut immer schneller fließen, um diesem Bedürfnis des Geistes nachzukommen. Könnte er ihm doch Ruhe gönnen, würde auch vieles von alleine vergehen. Auch bei niedrigem Blutdruck ist es eben so, dass ihr vielleicht zu träge geworden seid und euch zu wenig bewegt, eurem Körper zu wenig Bewegung gebt oder eurem Geist zu wenig Nahrung bietet. Ihr schiebt alles nur auf die körperliche Ebene und versteht nicht, dass eure Körperlichkeit nur ein Spiegelbild eurer Seele und eures Geistes ist.

Natürlich gibt es Menschen, die echte körperliche Gebrechen haben. Dies dient aber zur Läuterung ihrer Seele oder ihres Geistes. Oft sind es karmische Verwicklungen, die dazu führen, dass sie in diesem Leben eben auch keinen makellosen Körper haben. Doch wenn die Menschen diesen - in euren Augen - Mangel annehmen würden, so könnten sie diese karmische Vergangenheit sehr schnell auflösen und ein gutes Leben mit diesem Mangel führen. Glaubt nicht, dass ihr gesundet, wenn ihr euch so einseitig um euch sorgt. Es gibt Menschen, die sorgen sich nur um ihren Geist und vergessen dabei ihren Körper. Es gibt aber auch Menschen, die nur um ihren Körper bemüht sind und den Geist vergessen. Am allerhäufigsten allerdings wird vergessen, dass es da auch noch eine Seele gibt.

Was ist Seele, fragen viele, was ist der Unterschied zum Geist? Geist ist eure Spiritualität, aber auch euer Verstand. Euren Körper kennt ihr. Die Seele ist das unbewusste, unterbewusste, emotionale Zentrum eures Herzens. Es gehört also das Herz dazu, und es gehört die ganze Bauchgegend dazu. Aus dem Bauch heraus handeln ist etwas, was ihr leider verlernt habt. Es bedarf also in diesem Jahrtausend einer Reinigung der Seelen. Diese Reinigung der Seelen kann aber nur dann funktionieren, wenn ihr eure eigene Seele erst einmal wieder wahrnehmt und die Wahrheit erkennt, die hinter euren seelischen Vorgängen steckt. Doch stattdessen wird alles, was mit dem Unterbewussten, mit der eigenen Seele zusammenhängt, sehr gerne zur Seite geschoben. Denn dies ist ein Bereich, um den ihr euch nicht auch noch kümmern wollt. Doch er gehört eben auch zu euch. Ihr kennt alle das Bild von Körper, Geist und Seele ...

Euren Körper formt ihr am ehesten. Es gibt genug Fitnessjunkies, die ihren Körper hervorragend gestählt haben. In den Momenten, in denen sie sich völlig verausgaben, fühlen sie sogar kurzzeitig ihre Seele aufflackern, weswegen sie diesen einen Augenblick immer wieder suchen und weswegen sie immer mehr machen müssen, weil dieser Kick sich immer seltener einstellt. Das sind hervorragende Athleten, doch der Antrieb, den sie haben, ist eigentlich der, dass sie ihre Seele wahrnehmen wollen. Das könnten sie einfacher haben. Wir verurteilen dieses Vorgehen nicht, denn jedes Wahrnehmen der Seele, egal, auf welcher Ebene es stattfindet, ist erst einmal eine Energie, die in dieser Welt weiterhilft. Doch wenn ihr wirklich, wirklich eure Seele fühlen wollt, so müsst ihr Vertrauen zu euch selbst finden.

Das Bild des Baches zeigt euch, dass es dem Kreislauf der Natur, des Lebens egal ist, welcher Zustand im Außen herrscht. Das Wasser fließt, so wie es eben gerade fließen kann und möchte. Stellt euch euer Unterbewusstsein wie einen Bach, einen schnell fließenden Bach - wenn ihr es wollt und zulasst - vor. Es kann alles geschehen, aber es gibt auch Zeiten, zu denen dieser Bach eher ruhig fließt. Wenn ihr das Bedürfnis nach Ruhe verspürt, so gebt sie euch, denn dann signalisiert euch eure Seele, dass sie Ruhe braucht. Ruhe heißt dann jedoch nicht, sich vorm Fernseher auszuruhen, sich hinzulegen und nur noch zu schlafen. Beim Fernsehen ist es eher so, dass der Geist eine Abwechslung haben will, beim Schlafen spürt ihr eine körperliche Müdigkeit. Wenn eure Seele Ruhe braucht, so findet ihr sie nicht in geschlossenen Räumen, sondern in der Natur. Dort könnt ihr atmen und spüren, wie ihr zur Ruhe kommt, insbesondere wenn ihr eine Bachmeditation, die ich euch jetzt erklären möchte, durchführt.

Sucht euch einen Bach, der einigermaßen schön fließt - und er ist zu finden. Vielleicht benötigt es etwas Zeit, aber geht an diesen Bach und zieht eure Schuhe aus. Und nun stellt euch in diesen Bach, werdet ruhig und atmet tief ein und aus. Spürt, wie das Wasser um eure Knöchel fließt. Viel höher als die Waden sollte es auch nicht sein. Jetzt spürt eure Fußsohlen, wie sie fest im Bachbett stehen. Spürt nun das Fließen des Baches, wie es heraufwandert in euch ... über eure Beine, eure Hüften bis zum Zentrum der Seele, circa eine Handbreit unter eurem Nabel. Legt dort eure linke Hand hin und spürt die Verbindung, sofern sie momentan da ist, zwischen eurem Herz und eurem Unterbewusstsein.

Manche Menschen werden hier Probleme haben, eine Verbindung zu spüren. Dies ist ein erster Hinweis für euch, dass eure Kommunikation zwischen Herz und Seele ein wenig aus dem Gleichgewicht ist. Doch dies macht nichts, denn auch das gehört zu euch. Wiederholt dann ganz einfach diese Meditation, gebt euch diesem Fließen hin, spürt immer mehr, wie dieser Bach, die Kraft des Baches und des Fließens in euch hochsteigt. Und wenn es beim ersten Mal nicht klappt, so wiederholt diese Übung, bis ihr irgendwann spürt, wie der Kreislauf des Lebens euch von oben bis unten durchfließt. Diese Meditation hilft euch, eure energetischen Bahnen, euren Fluss des Lebens, langsam wieder in Schwung zu bekommen.

Ihr könntet euch dabei noch umarmen, euch selbst lieb haben, euch spüren und sagen, dass alles gut ist, so wie es ist. Erwartet keine Wunderdinge, aber glaubt daran, dass diese Symbole der Natur sehr viel kräftiger sind als viele, viele Medikamente, die ihr auf diese Welt gebracht habt. Ihr könnt jederzeit die Kräfte der Natur anzapfen, um euch vorwärtszubewegen. Es gibt so viele Wege, die ich euch zeigen kann, wenn ihr es denn wollt und zulasst.

Ein Fluss als Sinnbild des Lebens - nicht sehr originell, werden jetzt vielleicht viele denken. Das kann ich sogar nachvollziehen, aber es steckt mehr dahinter, als es auf den ersten Blick scheint. Deshalb hier noch ein paar Gedanken, die mir beim mehrmaligen Lesen der Durchsage eingefallen sind.

Eine Quelle, die aus der Erde entspringt, ist wie die Geburt eines Lebens - ohne Wasser könnte unser Leben auf der Erde gar nicht existieren. Danach macht sich dieses Rinnsal auf, in seinem Lauf immer größer und mächtiger zu werden, weil es sich mit anderen Bächen vereint. Und am Ende des Laufes ergießt sich der mittlerweile vielleicht sogar zum Fluss gewordene Bach in das Meer, ohne das es keinen Regen gäbe. Was wäre, wenn wir nach unserer Geburt genau solch einen Weg nehmen würden - wir vereinen uns mit den positiven Energien, weil wir diese auch in uns tragen, und werden stark und mächtig auf unserem Lebensweg? Das hört sich so einfach an und ist doch so unendlich schwer umzusetzen, oder doch nicht?

Wir verlieren im Lauf eines Lebens immer mal wieder den Bezug zu unserer Seele, weil sie uns lästig erscheint. Sie erinnert uns immer wieder daran, unseren Lebensweg zu gehen - doch oft, allzu oft haben wir etwas anderes im Sinn, in unserem Kopf. Damit fangen dann Probleme an, die wir gar nicht verstehen. Es können körperliche, seelische, geistige Ungereimtheiten sein, und wir fangen an, sie mit Medikamenten zu bekämpfen.

Um es aber klarzustellen: Weder Dana noch ich sind gegen eine Medikamenteneinnahme, um körperliches Leid abzufedern. Der Appell richtet sich vielmehr an die Menschen, die sich auf das Einnehmen von Medikamenten beschränken, statt den Blick auch nach innen zu richten. Darauf zu hören, was einem das Herz und die Seele zu sagen haben, wäre dabei ein weiser Entschluss. Wir sollten unseren eigenen Kreislauf immer berücksichtigen. Wenn wir krank sind oder werden, haben wir diesen Kreislauf zu lange vernachlässigt. Der so oft gepriesene Einklang von Körper, Geist und Seele ist der Schlüssel zum Erfolg. Dazu gehört, dass wir versuchen sollten, alles in uns wahrzunehmen, nicht nur das, was gerade am angenehmsten ist.

Burn-out, ein bekanntes Phänomen, ist ein klassisches Beispiel dafür, wie ignorant wir mit uns selbst umgehen. Die Warnzeichen wie Schlaflosigkeit, chronische Müdigkeit und so weiter werden ständig beiseitegeschoben, statt die Chance zu ergreifen, in sich hineinzuhören. So ist es ja bei vielen Krankheiten - es sind Warnzeichen, die unser Körper uns gibt. Doch weil wir die Warnzeichen unseres Geistes oder/und unserer Seele überhören, werden wir krank. Auch ich selbst musste diese Erfahrung mehr als einmal in meinem Leben machen, und es fällt mir manchmal immer noch schwer, mich bewusst für mich zu entscheiden. Doch es gelingt mir immer besser, und die Momente, in denen ich mich ganz und gar spüre, sind unvergleichlich. Eine halbe Stunde in diesem Gefühl gibt mir oft Kraft für mehrere Tage oder sogar Wochen.

Was der Wind uns lehren kann

Ihr Menschen schaut gebannt auf den Wind, auf die Zerstörungswut und auf die Stärke des Windes. Er beginnt klein, mit einem Lufthauch – und sammelt sich, ist sich seiner Stärke bewusst und wird immer stärker, weil der Wind nicht darüber nachdenkt, ob er stark oder schwach ist, sondern sich dem Willen Gottes einfach unterworfen hat.

Ihr fragt jetzt sicherlich, was diese Zerstörungswut soll? Warum passiert das alles auf dieser Welt? Warum müssen Menschen unter Tornados leiden? Hierzu kann ich euch als eine Naturfee Folgendes sagen: Ihr habt mit vielen eurer Erfindungen das Gleichgewicht in der Natur gestört. Und auch Menschen stören das Gleichgewicht der Natur durch ihre energetische Gegenwart. Und die Menschen, die von solchen Stürmen heimgesucht werden, sind energetisch nicht rein. Da ihr Menschen immer glaubt, dass der Tod etwas Schlimmes sei, könnt ihr gar nicht ermessen, welche Erlösung wir den Menschen in solchen Gebieten auch geben. Sie kehren heim in die Kraft der Liebe und haben den Teil ihres Karmas damit auf dieser Welt erledigt.

Aber kommen wir zurück auf die Kraft des Windes. Staunend schaut ihr, was ein Lufthauch alles bewegen kann. Ihr staunt ob dieser Kraft eines Elementes, das nicht materiell und sichtbar ist – und doch glaubt ihr daran. Andererseits verleugnet ihr die Engel und die Kräfte der Engel. Könnten sie nicht so sein wie der Wind? Engel und Feen haben genau die gleiche Kraft wie der Wind, denn auch sie kommen von Gott.

Ihr wehrt euch dagegen, uns anzuschauen, uns zu spüren und uns zu fühlen. Denn ihr Menschen glaubt alles, wissenschaftlich ergründen zu können und zu müssen. Es wäre sogar möglich, uns aufzuspüren – wissenschaftlich nachzuweisen. Doch die Wissenschaftler, die dies versuchen könnten, haben nicht den Glauben an diese Mächte und versuchen gar nicht erst, uns zu entdecken. Dies würde ihrer technokratischen Welt auch einen schweren Schaden zufügen. Die Menschen, die an uns glauben, brauchen aber ohnehin keinen Beweis. Und so wird es bleiben, denn Beweise für eine Existenz, die noch stärker ist als der Wind, sind unnötig.

Ihr glaubt doch auch an Winde, an Tornados, aber nur weil ihr ihre Auswirkungen seht. Doch noch einmal: Ihr könntet sogar uns sehen, wenn ihr denn nur wolltet. Eure Verbindung zu Gott im Herzen ist jedoch oft weniger als ein Lufthauch. Kinder auf dieser Welt haben dagegen in der Regel eine starke Verbindung zu uns. Doch ihr Erwachsenen zerstört sie. Wie oft habt ihr euch schon gewundert, wenn Kinder mit offenen Augen, starrem Blick und ganz aufmerksam in eine Richtung schauten und sogar mit jemandem zu reden schienen. Dann ruft ihr sie, weckt sie auf aus dieser Verbindung und sagt zu ihnen: "Na, mein Kind, träumst du wieder?" Doch es hat nicht geträumt. Es war in unserer Welt, wo es auch gerne ist. Doch ihr lasst es nicht zu. Ihr versteckt euch vor starken Winden und geht lieber in eure Häuser. Genauso versteckt ihr euch vor der Präsenz der Engel und der Feen. Glaubt ihr nicht, dass es für euch viel einfacher wäre, wenn ihr euch nicht verstecken würdet? Warum habt ihr Angst? Glaubt ihr denn nicht an die Liebe Gottes?

Ihr müsst nicht immer nach materiellen Beweisen suchen. Euer Herz signalisiert euch auch Schmerz und Liebe. Sind diese Gefühle etwa materiell? Nein. Warum sagt ihr Menschen bei einem Unfall, bei dem nichts passiert ist, "Er hatte gute Schutzengel"? In anderen Situationen verleugnet ihr sie aber. Ihr Menschen seid so zwiegespalten in euren Gefühlen, weil ihr nicht mehr in euch hört. Ich sagte euch schon einmal etwas über die innere Stimme. Diese innere Stimme ist eure Verbindung zu Gott. Sie ist euer göttlicher Funke in euch, der zu euch sprechen kann und möchte. Ihr müsst nur darauf hören. Doch lieber hört ihr auf die Stimme eures menschlichen Ratgebers, der euch berät in finanziellen Dingen, der euch sogar berät in Gefühlsdingen. Glaubt ihr wirklich, dass ihr einen Berater in Gefühlsdingen braucht? Wenn jemand euch sagt, wie ihr euch zu fühlen habt, und ihr dies befolgt, glaubt ihr dann wirklich, dass es eure Gefühle sind, die ihr spürt? Ihr könnt euch nie selbst fühlen und spüren, wenn ihr verlernt habt, auf eure eigene Stimme zu hören. Die Stimmen anderer können nie für euch entscheiden.

Lernt, euch selbst zu fühlen. Und hier kommt wieder die Verbindung zum Wind. Den Hauch des Windes, den ihr in eurem Haar spürt, auf eurer Wange fühlt, ist ein Hauch, vergleichbar mit dem göttlichen Funken, den ihr in euch tragt. Und genau wie der Wind stärker werden kann, so könnt ihr diesen Hauch zu Gott immer stärker werden lassen, wenn ihr es nur zulasst ... wenn ihr euren Gefühlen, euren Eingebungen langsam wieder Vertrauen schenkt, so wie die Kinder auf dieser Welt. Wenn ihr dies tut, werdet ihr wunderbare Dinge über euch erfahren, und ihr werdet die Verbindung zu Gott wiederherstellen, auf natürliche Art und Weise.

Natürlich hören wir jedes Gebet, das ihr sprecht. Doch oft ist dieses Gebet einstudiert, angelernt. Natürlich freuen wir uns auch über diese Gebete und nehmen jedes Gebet wahr, das ihr uns schickt. Doch wir freuen uns sehr darüber, wenn ihr einfach mit uns redet, als wären wir gute Freunde. Und scheut euch nicht, direkt zu Gott zu sprechen oder zu Maria oder natürlich zu eurem Herrn auf dieser Erde, eurem Herrn Jesus Christus.

Ihr habt alle Möglichkeiten, mit uns in Verbindung zu treten. Doch dazu ist es notwendig, dass ihr euer Ich erweckt und dass ihr es zulasst, dass aus dem Lufthauch der Göttlichkeit, der in fast jedem Menschen weht, wieder ein Sturm der Göttlichkeit wird.

Als ich dieses Kapitel das erste Mal las und auf mich wirken ließ, war ich unangenehm berührt. Kam hier wirklich der Gott des Alten Testamentes, der strafende oder gar rächende Gott, zum Vorschein? Irgendwie hatte ich diese Seite in meinen Begegnungen mit der Engelwelt nie kennengelernt - deshalb verstand ich diese Botschaft zuerst nicht. Mittlerweile habe ich - so glaube ich zumindest - allerdings den tieferen Sinn verstanden: Da ich weiß, dass Gott uns den freien Willen geschenkt hat, ist auch klar, dass wir für unser gesamtes Tun die Verantwortung tragen. Wir sind auf der Erde, um zu lernen, und zwar jeder Mensch für sich selbst. Dies würde nicht funktionieren, wenn unser Leben vorbestimmt wäre. Also leben wir unser Leben, wie wir es für richtig halten. Dies schließt auch Fehler (nach Erdenverständnis) ein. Gott gibt uns aber immer wieder die Chance, diese Fehler zu korrigieren, indem er uns immer wieder in ähnliche Lebenssituationen führt - und zwar so lange, bis wir mit unserer Entscheidung (für uns) eine positive Wendung schaffen.

Trotzdem mutet es natürlich seltsam an, wenn ein Tornado, der Verwüstung, Elend und Leid bringt, von den Engeln quasi als Erlösung dargestellt wird. Darüber habe ich in den letzten zehn Jahren oft nachgedacht, und die Frage, warum Gott Kriege und Katastrophen zulässt, wurde mir oft gestellt. Ich bin zu einer Antwort gekommen - auch begleitet durch Durchsagen der Engel -, die versucht, das Ganze zu sehen. Es gibt allerdings ein paar

Grundannahmen, die ich vorausschicken möchte und von denen ich fest überzeugt bin: Es gibt ein Leben nach dem Tod. Reinkarnation findet statt - also eine Seele lebt mehrmals. Jeder Mensch kommt mit einer Lebensaufgabe auf die Welt, die er selbst bestimmt. Gott lässt uns die freie Entscheidung über unser Leben. Unser energetisches Wirken, sowohl einzeln als auch in der Gruppe, hat einen Einfluss auf unsere Mitmenschen, aber auch auf die Welt.

Wenn man hiervon ausgeht, sind Kriege und Katastrophen erklärbar: Die Menschen, die in einem von Kriegen heimgesuchten Land leben, müssen dort leben, um ihre Lebensaufgabe zu erfüllen. Alle Lebensumstände, die dieser Mensch antrifft, dienen nur dem Ziel, ihn in seinem selbst gewählten Lebensweg zu unterstützen. Der Mensch selbst entscheidet, wie er mit diesen Lebensumständen umgeht, und wenn er fest daran glaubt, wird er sein Leben ändern können. Geschieht nun eine Katastrophe oder ein Krieg, ist dies ausgelöst worden durch energetische Umstände, die in der heimgesuchten Region herrschten und durch die dort lebenden Menschen (durch die Gruppen- oder Länderenergie) selbst herbeigeführt wurden. Die Menschen sehen in einem solchen Vorgang nur das Unglück und selten die Chance, die sich für den eigenen Lebensweg ergibt. Es gilt dann nämlich, etwas zu verändern in seinem Leben - in welche Richtung auch immer.

Würde Gott eingreifen und alles lenken, welchen Sinn hätte unser Leben dann? Er schenkt uns immer wieder das Leben und die eigene Freiheit, es zu bestimmen - was wollen wir mehr? Jeder ist seines Glückes Schmied, sagt schon ein altes Sprichwort. Mit der Zeit lernte ich, dass Gott mit uns nicht anders umgeht als Eltern mit ihren Kindern, wenn sie sie lieben: Sie lassen sie aus ihren eigenen Fehlern lernen.

Die reinigende Kraft des Windes

Ich möchte euch heute ein großes Geheimnis verraten. Hört zu, ihr Menschen: Wenn ihr in die Natur geht, hört dem Geflüster des Windes zu, hört dem Rauschen der Blätter zu und hört insbesondere dem Wiegen der Gräser auf einer Wiese zu. Ihr werdet erkennen, wenn ihr euch diesen Stimmen hingebt, welchen Gleichklang ihr mit diesen energetischen Stimmen erleben könnt. Ihr könnt für kurze Augenblicke den Gleichklang mit der Natur spüren, wenn ihr euch diesen Emotionen hingebt. Deshalb ist ein windiger Tag ein Tag, der eure Energien reinigen kann - reinigen von allen falschen Vorstellungen, die ihr in euch angehäuft habt und die zu fehlgeleiteten Energien führen.

Stellt euch dazu in den Wind und lasst euch einfach im Wind treiben. Spürt die Wiese um euch herum und hört das Rauschen der Blätter, sofern Bäume in der Nähe sind. Aber auch auf einer ganz normalen großen Wiese, auf die ihr euch stellt, könnt ihr diesen Gleichklang spüren.

Stellt euch zunächst mit eurer rechten Körperseite in den Wind und spürt, wie er über eure Haut, durch euer Ohr weht, und übergebt dem Wind nun alle eure körperlichen Gebrechen, die euch quälen. Der Wind kann euren Körper nicht heilen, er kann aber, wenn ihr ihm eure Leiden übergebt, die Gedanken forttragen, die dazu führen, dass eure Krankheit noch schlimmer wird.

Wenn ihr dies nun getan habt, stellt euch mit dem Gesicht in die Windrichtung. Öffnet euren Mund und atmet tief ein. Spürt den Wind, wie er euer Gesicht umschmeichelt, wie er in eure Nase eindringt, in euren Mund. Spürt, wenn ihr tief einatmet, wie sehr er eure Brust, die eng geworden ist von Ängsten, wieder weiten kann. Atmet tief ein und spürt diese Kraft, diese Magie des Windes in euch, spürt, wie er die Lunge durchströmt und wie er Platz um euer Herz schafft, indem er den Brustkorb weitet. Und wenn ihr dies nun schafft, so spürt ihr, wie euer Raum in euch wieder größer wird für euch selbst.

Stellt nun die linke Körperseite in den Wind. Dies ist die Seite, die ihr am meisten vernachlässigt, eure emotionale, eure intuitive Seite. Spürt nun den Wind, wie er diese linke Seite ergreift, wie er insbesondere in das Herz und in euren Bauch eindringt und beide reinigt, stärkt und Kanäle öffnet, die euer Empfinden für euch stärken können. Das wird bei den meisten Menschen die Seite sein, die sich am dichtesten anfühlt bei dieser Meditation. Es ist die Seite, die ihr am meisten verleugnet. Eure rechte Seite, eure Verstandesseite, eure Vaterseite, ist energetisch meist stärker ausgeprägt, was allerdings nicht sofort zu Dissonanzen führt, weil die Energien, eure Empfindungen, trotzdem in euch sind und der Herr einen großen Schutzmechanismus in euch aufgebaut hat. Doch auf Dauer macht dieses Ungleichgewicht zwischen linker und rechter Seite natürlich auch euch krank.

Nun stellt den Rücken in den Wind. Hier wollt ihr euch dagegenstemmen, wollt zeigen, wie kräftig und stark ihr diesem Wind trotzen könnt. Doch schaut euch um. Ist es nicht viel eleganter, wie es die Wiesenblumen tun oder wie es ein Grashalm tut? Er beugt sich diesem Wind und steht doch wieder auf. Auf euer Leben übertragen bedeutet das, dass ihr nicht immer versuchen solltet, gegen alle Widerstände anzukämpfen. Ihr belastet euren Rücken viel zu sehr. Gönnt ihm auch einmal Ruhe und gebt einmal nach. Lasst das, was ihr Schicksalsschläge nennt, einfach einmal zu. Biegt euch wie ein Grashalm im Wind, und ihr werdet sehen, dass dies manchmal der einfachere Weg ist. Oft handelt ihr nur aus Trotz, aus Trotz gegen andere Menschen, aber auch aus Trotz gegen Gott, sodass ihr euren Rücken nicht beugen wollt. Und immer wollt ihr stark sein, immer wollt ihr zeigen, dass ihr der Herr im Hause seid. Doch der Herr in euch ist euer göttlicher Funke, der euch mit Gott verbindet. Aber wenn ihr euch immer wieder über diese Kraft in euch stellt, kostet euch das immense Kräfte. Euer Rücken wird immer krummer und macht euch immer mehr Probleme, weil ihr so viel Kraft aufwendet und immer verspannter werdet in eurem Leben.

Probiert diese Meditation bei einem windigen Tag aus und spürt, wie viel ihr wirklich selbst spüren könnt. Ihr werdet spüren, welche Seite eures Körpers der Pflege bedarf. Widmet ihr eure Aufmerksamkeit und schiebt insbesondere, wie ich euch schon sagte, den Lufthauch der Göttlichkeit in euch nicht einfach beiseite.

Die hier vorgestellte Meditation hilft - wenn man bereit ist, sich ein wenig zu beugen und loszulassen -, quälende Gedanken wegfliegen zu lassen. Es ist dabei aber wichtig, sich wirklich mit den Stimmen der Natur gleichzuschalten und danach bewusst loslassen zu wollen.

Es gibt sicherlich Menschen, die diese Meditation nicht wirklich genießen werden, da sie sich innerlich zu sehr dagegen auflehnen. Manche Menschen brauchen nämlich genau diese Schmerzen, ob körperlich oder seelisch, um sich im Leben zurechtzufinden. Sie haben Angst, diese Gefühle zu verlieren und in ein tiefes Loch zu fallen, weil sie andere Gefühle nicht mehr kennen. Doch wer den Mut hat, solche Gefühle dem Wind zu übergeben, erhält die Chance, neue beziehungsweise alte Gefühle kennen- oder wieder kennenzulernen.

Kosmisches Gleichgewicht und Katastrophen

Die Menschen schimpfen über den Sommer, wenn er zu heiß ist. Die Menschen schimpfen aber auch über den Regen, insbesondere im Sommer, wenn er zu oft fällt. Die Menschen schimpfen darüber, dass es zu kalt ist, und ächzen gleichzeitig, wenn es zu heiß ist. Glaubt ihr nicht, dass hinter all diesen Unbilden des Wetters, wie ihr sie nennt, auch ein göttlicher Plan steht?

Natürlich habt ihr mit euren Veränderungen auf der Erde dazu beigetragen, dass das Wetter Extreme bietet. Doch diese Extreme sind notwendig, damit die Schäden, die ihr mit eurem Lebenswandel verursacht, wieder geheilt werden können.

Diese Zusammenhänge sind oft schwierig für euch nachzuvollziehen. Warum muss es eine Überflutung geben? Ihr müsst euch das so vorstellen, dass ein Land mit seinen Menschen auch immer energetisch verunreinigt werden kann. All eure unharmonischen Gedanken und Handlungen bedeuten immer eine energetische Verunreinigung, manchmal auch eine der Erde und der Umwelt um euch herum. Hier geht es nicht um die materielle Schädigung, sondern um die energetische Schädigung. Dann ist es manchmal notwendig, dass Überschwemmungen passieren, denn wie ich euch schon sagte, ist Wasser zum Reinigen da. Und es reinigt manchmal auch die Menschheit, indem es manche Seelen heimholt zu Gott. Dies erscheint euch oft grausam und unnötig, doch leider vergesst ihr immer wieder, dass der Tod nicht das Ende des Lebens ist. Er ist das Ende des Lebens im materiellen Sinne, denn euer Körper stirbt. Doch eure Seele ist unsterblich und kommt heim in die Welt der Seelen, wo sie gereinigt und von Engeln mit Licht und Liebe umgeben wird, sodass die Seele verschnaufen kann.

Ihr unterzieht euch so großer Mühsal auf dieser Erde, weil ihr immer glaubt, dass das Heil im materiellen Sein liegt, und dabei vergesst ihr eure geistigen und seelischen Bedürfnisse. Habt ihr aber einmal den materiellen Punkt überschritten, so vergesst ihr diese. Die Weisheiten, die schon die alten Meister lehrten, wie zum Beispiel die Einheit von Körper, Geist und Seele, sind schon sehr, sehr alt - schon frühe Völker kannten sie. Ihr nehmt diese Lehrsätze jedoch oft nicht im Ganzen auf, sondern pflückt sie auseinander, wie es gerade in eure Welt passt, obwohl ihr wisst, dass es eigentlich sehr von Vorteil wäre, wenn ihr alles beachten würdet. Doch ihr flüchtet euch immer an einen der Pole, statt euch in die Mitte zu begeben, und dadurch geschehen diese von mir angesprochenen energetischen Verunreinigungen eurer Umwelt, eurer Erde, aber natürlich auch eurer Mitmenschen.

Ihr seid euch der Verantwortung euch selbst gegenüber nicht bewusst. Wie solltet ihr euch da bewusst sein, welche Verantwortung ihr gegenüber euren Mitmenschen habt? Ihr sprecht vom Gleichgewicht der Natur und klammert euch dabei aus. Seid ihr denn nicht auch ein Stück der Natur? Alles, was ihr tut, hat mit diesem Gleichgewicht zu tun. Aber eben nicht nur im materiellen Sinne, dass ihr beispielsweise Treibhausgase produziert. Das ist ein Nebenprodukt eures Anspruches, alles kontrollieren zu wollen. Da ihr die Natur beherrschen wollt, sind euch die Folgen oft egal. Ihr nehmt dann hin, dass euer Tun die Erde verändert. Ihr werdet die Natur aber weder in ihrem vollen Umfang begreifen noch beherr-

schen, da sie von Gott geschaffen ist – jedoch nicht so, wie es in der Bibel steht, dass aus Lehm Menschen geformt wurden. Natürlich gab es die Evolution, doch Gott hat die entscheidenden Punkte und Impulse gesetzt, und er hat Lebensformen geschaffen, die sich dann als auf der Erde nicht lebenswert erwiesen.

Es wird immer wieder Perioden geben, in denen sich die Umwelt ändert. Gott schafft immer Neues, denn es muss Neues geschaffen werden, damit ihr Menschen auch Neues schafft und auf eurem himmlischen Weg, auf eurem göttlichen Weg immer weiterkommt. Doch dazu müsst ihr bereit sein, dazu müsst ihr lernen. Und dies könnt ihr eben oft erst nach Veränderungen. Das Gesetz des kosmischen Gleichgewichts, wonach es eigentlich kein Plus und Minus gibt, muss dabei immer gewahrt bleiben. Und da ihr Plus und Minus auf eurer Erde schafft, muss Gott immer wieder regulierend eingreifen, manchmal auch durch Katastrophen. Doch denkt daran, wie ich vorhin schon sagte, es sind keine Katastrophen, wie ihr sie erlebt. Ihr weint dem Körper eines Menschen nach, statt dass ihr euch freut, dass seine Seele wieder in der Nähe Gottes ist.

Wie wollt ihr dann jemals lernen, euch des Lebens zu freuen, das euch geschenkt wurde, wenn ihr es immer verteufelt? Es fängt im Kleinen an. Wenn ihr euch nicht selbst lieben, euch annehmen und euch als Gottes Geschenk begreift könnt, werdet ihr auch niemals begreifen können, welchen Teil der Natur ihr ausmacht. Und wenn ihr euch als Ganzes begreift, so werdet ihr auch begreifen, dass ihr ein Teil des Ganzen seid, und damit werdet ihr automatisch energetisch reiner. Denn nur wer sich anerkennt als Teil der göttlichen Welt, der göttlichen Gesamtenergie, wird wissen, dass alles Tun eine energetische Handlung und Reaktion hervorruft auf dieser Welt. Und erst wenn ihr das begriffen habt, werdet ihr eure Natur im Sinne eurer energetischen Umwelt, also euren energetischen Beitrag zur Gesamtenergie auf eurer Erde, begreifen lernen. Macht euch Gedanken über euch, aber vergesst nie, den Gleichklang von Körper, Geist und Seele immer mehr in euch aufzunehmen.

Über allem steht das Gesetz des kosmischen Gleichgewichts. Dieses besagt, dass alles, was existiert, jedes Atom, jede Zelle, jedes Lebewesen, in sich und in Beziehung mit anderen ein Ganzes ergibt. Dieses Ganze ist immer neutral, niemals positiv oder negativ geladen. Das heißt, dass auch wir Menschen zu diesem Ganzen gehören. Doch da wir uns als Krone der Schöpfung sehen, haben wir dies vergessen. Wir glauben, wir könnten auf dieser Welt agieren, wie wir wollen, und die Natur besorgt schon den Ausgleich - weit gefehlt!

Wie Dana uns schon sagte, setzt jedes Handeln, Denken, Fühlen von uns Energien frei. Wenn wir zum Beispiel schlecht über jemanden reden, setzt dies eine negative Energie frei. Jetzt müsste der andere Mensch uns eine positive Energie entgegenbringen, um dies auszugleichen. Doch dies geschieht in den seltensten Fällen. Man muss diese Energien allerdings auch globaler betrachten: in einer Gruppe von Menschen, in einem Land, auf der Welt. Hier geschieht automatisch ein Ausgleich, denn unsere Energien, die wir freisetzen, haben immer auch einen Einfluss auf die Natur: Fällen wir einen Baum, so kann dies durch das Wachsen eines neuen Baumes ausgeglichen werden.

Aber wir Menschen machen uns über diese Zusammenhänge zu wenig Gedanken und vergessen, dass wir eine Verantwortung nicht nur uns gegenüber haben, sondern auch den Mitmenschen und der Umwelt gegenüber. Dadurch kann es zu großen energetischen (als Beispiel: Kriege) und materiellen (als Beispiel: Zerstörung der Regenwälder) Ungleichgewichten kommen. Diese versucht Gott zu heilen, indem er uns immer wieder Liebe schenkt und uns seine Engel zur Seite stellt. Wir ignorieren dies jedoch meist, und dann muss es zu einer Reinigung kommen, um das Gleichgewicht wiederherzustellen. Doch wir erkennen diese Reinigung nicht als solche, weil wir unsere materielle Existenz (unsere körperliche Existenz) über alles andere stellen.

Das Anhäufen materieller Güter bedeutet uns eben mehr als das Streben nach seelischen oder emotionalen Reichtümern. Das bedeutet nicht, dass wir alle in Askese leben müssen, stellt dies doch auch ein Extrem dar. Doch unser Streben sollte eben nicht ausschließlich auf dem Erwerb irdischer Güter liegen. Das Gleichgewicht muss auch hier angestrebt werden.

Nochmals zurück zur Reinigung: Es erscheint sinnlos, dass Gott eine Katastrophe sendet, um uns zu reinigen - hier entsteht schnell der Eindruck des strafenden Gottes aus dem Alten Testament. Doch wir vergessen, dass dies der letzte Ausweg ist, Menschen wieder in die Liebe zu bringen. Gott hat vorher durch viele Zeichen versucht, unsere Aufmerksamkeit zu erhalten. Wie oft handeln wir gegen unser Bauchgefühl (hier ist sehr häufig unser Engel im Spiel) und handeln stattdessen rational. Also gibt es für Gott oft keinen anderen Ausweg, als Menschen wieder heimzuholen - in seine Liebe. So gestärkt können wir bei unserer nächsten Reinkarnation den Weg zum Gleichgewicht neu bestreiten. Gott schenkt uns immer wieder eine neue Chance, und deshalb sollten wir versuchen, in allem, was uns widerfährt, einen Sinn zu erkennen. Das macht das Leben einfacher und lebenswerter.

Seinen Instinkten folgen

Ihr Menschen schaut verwundert zu den Tieren, welche Fähigkeiten sie manchmal haben - aus einem Instinkt heraus. Sie wissen, wann sie zu fliehen haben, und sie wissen auch, wann sie stehen bleiben können. Sie wissen, welches Tier ihnen Böses will, und sie wissen auch, welches Tier es nicht auf sie abgesehen hat. Es ist zwar ein ewiges Jagen und Gejagtwerden, doch dies haben sie als ihre Natur, die ihnen von Gott gegeben wurde, angenommen. Und diese Tiere wissen ganz genau, dass sie letztendlich einem höherem Zweck dienen.

Als Gott beschloss, die Menschen entstehen zu lassen, war es mit dieser Ordnung schnell vorbei. Die Neandertaler haben sich noch an die Gebote der Natur und an ihren Instinkt gehalten, doch dies ging mehr und mehr verloren, je mehr die Zivilisation, wie ihr es nennt, um sich griff. Was ist Zivilisation? Ihr versteht darunter, dass man lesen kann, dass man schreiben kann, dass man über anderen steht. Denn wie oft wolltet ihr eure Zivilisation schon nach Afrika tragen, weil ihr glaubt, eure Zivilisation sei der von Afrika überlegen. Dies ist nicht im Sinne von Gott, denn er hat alle Menschen gleich geschaffen, auch wenn Afrika zurzeit mit vielen Problemen zu tun hat, so ist doch das Erwachen des Kontinents, das der Menschen auf dem Weg zum Licht spürbar. Doch ihr glaubt, ihr müsstet sie mit euren Segnungen beglücken. Dabei möchten sie vielleicht gar nicht beglückt werden. Sie möchten vielleicht, genau wie ihr, selbstbestimmt ihr Leben führen, auch wenn es im Chaos endet.

Habt ihr eigentlich vergessen, dass es bei euch vor nicht allzu langer Zeit auch noch das Chaos gab, die Weltkriege? Und jetzt glaubt ihr, ihr wärt so viel besser. Nein, ihr seid anders - und anders zu sein bedeutet nicht, besser zu sein. Menschen, die aus eurer Sicht noch primitiv sind, haben dafür Fähigkeiten, die ihr längst verlernt habt. Würde man beide Fähigkeiten gemeinsam nebeneinander stehen lassen und voneinander lernen wollen, hätten beide Teile etwas davon. Aber den freien Willen, den Gott euch schenkte, wendet ihr hier leider nicht an. Ihr glaubt stattdessen, dass ihr anderen Menschen euren Willen aufzwingen könnt. Ihr könnt sie fragen, ihr könnt ihnen eure Erfahrungen mitteilen. Doch glaubt ihr wirklich, dass euer Wille dazu geeignet ist, einen Menschen zu verändern? Nein.

Aber kommen wir zurück zu den Instinkten. Es ist das berühmte Bauchgefühl, dieser Instinkt, dass etwas passiert. Habt ihr nicht auch schon gespürt, wenn ihr nicht schon alles in euch abgetötet habt, dass euer Instinkt euch warnt: dass ihr zu viel Gas gebt beim Autofahren, nicht in ein Haus zu gehen oder bei Menschen, die euch gegenüberstehen, vorsichtig zu sein. All dies ignoriert ihr oft und verlasst euch, ich sagte es euch schon oft, auf euren Verstand. Doch auch der Instinkt ist ein Teil von euch und sollte wahrgenommen werden. Wenn ihr glaubt, ihr würdet alles besser machen, wenn ihr es mit dem Verstand regelt, so seid ihr leider nicht in der Lage, euren Empfindungen zu trauen. Doch wenn ihr wieder eurem Bauchgefühl, eurem Instinkt traut, seid ihr schon wieder ein Stück näher bei euch. Und glaubt mir, ihr würdet gut daran tun, dies wieder ein wenig zu beachten. Denn das instinktive Handeln - ich lege die Betonung hier auf das Wort "Handeln" - bringt euch oft Vorteile. Was ihr über die Jahre, Jahrzehnte in eurer Entwicklungsgeschichte verlernt habt: auf Situationen instinktiv zu reagieren, das würde euch enorme Vorteile bringen.

Doch ihr verdrängt alles mit eurem Verstand und glaubt, es besser zu wissen als die Natur, die alles in euch angelegt hat, um in gewissen Situationen richtig zu reagieren. Ihr glaubt zum Beispiel, freundlich sein zu müssen, wenn ihr Menschen begegnet, obwohl sie euch einen Schauer über den Rücken jagen. Ist das nicht heuchlerisch? Natürlich sollt ihr ihnen nichts Böses wünschen, und jeder Mensch hat seine Chance verdient, doch dieser Schauer über den Rücken bedeutet etwas. Er ist letztendlich ein Hinweis auf eine gefährliche Situation. Es gibt energetisch gefährliche Situationen, und es gibt auch energetisch gefährliche Menschen, die euch schaden können. Es ist nicht so, dass ihr vor ihnen davonlaufen müsst, doch ihr solltet zusehen, dass ihr eine gewisse Distanz wahrt.

Natürlich hat auch dieser Mensch etwas mit euch zu tun und spiegelt euch etwas. Doch es ist nicht immer notwendig, dass ihr euch dem aussetzt. Vor allem ist es immer eine Frage der Zeit. Wenn ihr zum Beispiel solch einem Menschen zehn Jahre später begegnet, kann eine ganz andere Situation entstehen, kann es energetisch ganz anders laufen. Ihr müsst wissen, dass in eurem Leben immer auch der Zeitpunkt für Entscheidungen heranreifen muss. Doch auch diesen Instinkt, das Gefühl für den richtigen Augenblick habt ihr verlernt. Ihr glaubt, alles gleich und sofort regeln zu müssen. Ihr rast durch euer Leben, und diese Hektik des Alltags erlaubt es euch nicht, zu rasten, einmal innezuhalten und auf euren Bauch, auf euren Instinkt zu lauschen. Er wird verdrängt durch die Hektik des Alltags. Wenn ihr eurem Bauchgefühl wieder etwas mehr nachgebt, werdet ihr viele Situationen gelassener angehen und viel besser einschätzen können, insbesondere im zwischenmenschlichen Bereich.

Ich wünsche euch, dass ihr wieder lernt, eure Instinkte zu nutzen. So wie die Maus genau weiß, dass ein Flügelschlag über ihr eine Gefahr bedeutet, so könnte ein Mensch, der euch falsch begegnet, ein Hinweis auf eine gewisse Falschheit in euch sein. Lehnt diesen Menschen deshalb nicht unbedingt ab, aber haltet euch zunächst fern, bis ihr diese Falschheit in euch aufgelöst habt, denn erst dann könnt ihr ihm begegnen, und es wird sich ein Wandel in eurer Beziehung ergeben. Dies ist für viele Menschen vielleicht eine schwere Aufgabe, doch glaubt mir, es ist notwendig, dass ihr eure Instinkte wieder in euer Leben einbezieht, um auf dieser Erde eine Veränderung im Verhalten der Menschen untereinander zu bewirken.

Wir glauben, Instinkte nicht beachten zu müssen, weil wir über einen ausgezeichneten Verstand verfügen. Wir sind der festen Überzeugung, dass dieser Verstand über allen anderen Sinnen in uns steht, und deshalb erziehen wir auch unseren Kindern ihre instinktiven Handlungen ab, obwohl diese doch mit einer wachen Intuition zur Welt kommen.

Haben Sie schon einmal bemerkt, dass Babys auf Menschen sehr unterschiedlich reagieren - manche Menschen werden einfach angelächelt, andere Menschen dagegen werden mit einem Weinen bedacht. Woher, glauben Sie, kommt dies wohl? Ein Baby denkt nicht über einen Menschen nach - es erspürt ihn instinktiv. Das Baby liegt immer richtig mit seinen Empfindungen, auch wenn wir diese nicht sehen oder wahrhaben wollen. Wir sollten es uns angewöhnen, Kinder zu beobachten, ihren Empfindungen zu trauen - und von ihnen zu lernen.

Licht und Schatten

Diese Durchsage wurde von einer Waldnymphe im Auftrag von Dana gegeben. Zu Beginn erklärt sie kurz, was eine Nymphe ist.

Eine Nymphe ist etwas Ähnliches wie eine Fee, nur lebt sie nicht so sehr im Licht, sondern mehr in der Dunkelheit. Sie gibt Menschen Licht, wenn sie sich im Wald verirren. Menschen haben Angst vor der Dunkelheit. Doch Dunkelheit bedeutet nicht automatisch ein Verlassensein von Gott. Wer das Licht sucht, darf seine Schatten nicht fürchten. Nur wer seine Schatten kennt, wird das Licht sehen.

Licht zu sehen, bedeutet auf dieser Welt immer auch, dass ein Gegenstand einen Schatten wirft. Schatten sind nichts Schlimmes. Doch ihr Menschen fürchtet euch, weil ihr Schatten als etwas Schlechtes bewertet. Dabei gibt euch der Schatten eines Baumes doch regelmäßig Schutz vor allzu viel Sonne. Ihr fürchtet euch vor allen Extremen, obwohl ihr sie gemacht habt. Ihr erlaubt euch nie, an eure Grenzen zu gehen, doch Grenzen sind dazu da, dass man sie erforscht. Wie sollte man sich wagen, sein Leben zu führen, wenn man seine eigenen Grenzen nicht kennt?

Ihr versteht unter Grenzen oft körperliche Grenzen. Ihr verausgabt euch in sinnlosen Sportarten wie Triathlon, Marathon oder sonstigen Dingen und glaubt, damit endlich das zu finden, was ihr eigentlich sucht, nämlich euren Lebensmittelpunkt, die Erfüllung, das Sehen. Doch dabei vergesst ihr immer die Dreifaltigkeit: Körper, Geist und Seele. Ein Körper, der missbraucht wird zu Höchstleistungen, die der Mensch gar nicht vollbringen soll oder will, wird euch schaden. Genauso wird es euch aber schaden, wenn ihr euren Körper vernachlässigt. Wie immer im Leben ist es wichtig, ein Mittelmaß zu halten, um auf den Weg zu Gott zu kommen.

Wenn ihr aufhört zu bewerten, was Licht und was Schatten ist, so werdet ihr lernen zu erkennen, dass hinter jedem Schatten auch Licht kommt und dass hinter jedem Licht auch Schatten liegt. Dies erlaubt euch eure Polarität. Ihr bewertet Schatten als schlecht und Licht als gut. Dabei gehören sie doch untrennbar zusammen – so wie eure eigenen Schatten und euer eigenes Licht.

Anmerkung zum besseren Verständnis der nachfolgenden Passage: Ich sitze mitten in einem dunklen Wald, die Abenddämmerung hat seit circa einer halben Stunde eingesetzt.

Du sitzt jetzt hier im Dunklen, mitten im Wald, und du spürst, so wie es jeder Mensch spüren könnte, dass du nicht alleine bist. Viele Wesenheiten trauen sich erst im Schutz der Dunkelheit, mit euch Kontakt aufzunehmen. Das bedeutet aber nicht automatisch, dass diese Wesen Schattenwesen sind. Wirkliche Schattenwesen werden von der dunklen Seite geschickt, um euch zu erschrecken und euch das Gute, das hinter einem Schatten liegt, zu vergällen, indem sie euch erschrecken – sie kommen immer nur in der absoluten Dunkelheit.

Weil eure Seele diese Schattenseiten kennt, habt ihr auch vor euren eigenen Schatten Angst und könnt das göttliche Sein in euren eigenen Schatten oft nicht erkennen. Wenn ihr endlich glauben könntet, dass hinter jedem Schatten – auch hinter eurem

Schatten - ein Licht ist, so könntet ihr viel besser mit euch umgehen. Doch ihr neigt dazu, immer nur nach einer Seite zu gehen. Das macht euch das Leben so schwer.

Eure Göttlichkeit erlaubt normalerweise keine Trennung von Licht und Schatten. Doch ihr Menschen müsst diese Trennung erfahren, damit ihr euch in eurem Leben zurechtfindet. Ihr seid immer auf der Suche, statt euch euch selbst zu nähern. Manche von euch wissen bereits viel über ihre dunklen Seiten. Doch wisst ihr auch, dass jede helle Seite die dunkle Seite ausgleicht und dass jede dunkle Seite ihre Entsprechung in einer hellen Seite eines anderen Menschen findet und umgekehrt?

Seid ihr euch dessen bewusst, dass ihr keine Wesen des Lichts oder des Schattens seid, sondern beides? Wenn ihr es wäret, würdet ihr euch endlich lieben können. Das wollen wir euch zeigen. Ist euch schon einmal aufgefallen, dass nach jeder Lichtung im Wald auch wieder ein dunkler Wald kommt und umgekehrt? Und doch gehört beides zusammen. So sucht das Reh den Schatten auf, um sich zu verbergen, aber genauso benötigt es die Lichtung, um zu äsen. Nur durch beides gemeinsam ist das Leben des Rehs vollkommen. Es benötigt den Schutz des dunklen Waldes, aber es braucht auch die Nahrung, die die Sonne auf einer Lichtung im Wald hervorbringt. Beides ist notwendig, damit dieses Reh in Frieden, im Reinen mit sich selbst, in diesem Wald leben kann. Nur leider jagt ihr es immer aus dem Licht, denn dort erlegt ihr dieses Wild, und es zieht sich zurück. Immer mehr wird es ein dunkles Wesen. Erlaubt dem Reh, beide Seiten zu leben, und macht es nicht zum Spiegelbild eurer Seele. Das Reh soll sich nicht wie ihr nur auf eine Seite zurückziehen.

Es gibt Menschen unter euch, die suchen nur das Licht und glauben, wenn sie es finden, dann seien sie erlöst. Und doch merken sie nach einer gewissen Zeit, dass dies nicht zum Ziel führt, sondern dass etwas fehlt. Und sie machen sich weiter auf die Suche nach noch mehr Licht. Doch das werden sie nicht finden.

Würden sie den Schatten sehen und das daraus resultierende Licht akzeptieren, könnten sie in Frieden leben, so wie das Reh.

Die Waldnymphe spricht am Anfang dieser Durchsage von Grenzen. Damit sind die eigenen Grenzen gemeint, die sich jeder Mensch selbst setzt. Wir werden aufgefordert, unsere eigenen Grenzen zu erforschen. Wir setzen uns oft in ein "Glashaus" und schauen in den Garten, ohne ihn betreten zu wollen. Doch dieser Garten sind auch wir. Lassen Sie uns hinausgehen und ihn anschauen, und unsere Grenze ist nicht mehr das Haus. Wahrscheinlich trauen wir uns nach diesem ersten erfolgreichen Schritt auch, den Garten zu verlassen, und somit erfahren wir noch mehr von uns. Vielleicht stellen wir auf diese Weise fest, dass es für uns gar keine Grenzen gibt. Doch wir werden es nie erfahren, wenn wir es nicht ausprobieren.

Dies ist keine Aufforderung zu einem risikofreudigen Leben - zum Beispiel sollte man nicht glauben, dass man mit seinem Auto nun jede Kurve mit zweihundert Sachen nehmen kann. Hier geht es vielmehr um die geistigen und seelischen Grenzen. Hier ein Wagnis einzugehen, bedeutet eben, seinen Erfahrungshorizont zu erweitern und nicht immer die Folgen abzuwägen. Wenn ich allerdings an den Punkt komme, wo jede Faser meines Körpers, meine seelische und geistige Stimme "nein" schreit, dann habe ich meine natürliche Grenze erreicht.

Der Absatz mit den Schattenwesen birgt die Gefahr, dass manche Menschen erst recht Angst vor der dunklen Seite haben. Dies ist aber völlig unnötig, wenn man sich für das Leben im Licht entschieden hat. Es geht in diesem Absatz darum zu erkennen, dass Licht und Schatten immer nebeneinander existieren. Niemals tritt eines von beiden alleine auf, und wir brauchen gerade die Dunkelheit, um zu wissen, dass es das Licht gibt.

Empfindungen – mehr als Gefühle

Anmerkung: Ich hatte mir zum Zeitpunkt dieses Kapitels Gedanken darüber gemacht, ob die Botschaften nicht immer sehr ähnlich lauten. Darauf antwortete mir Dana:

Lasst euch sagen, dass die Botschaften, die ich euch offenbare, sich natürlich immer um euch drehen. Und das ist auch ein Sinn und Zweck der ganzen Feenbotschaften. Ihr habt verlernt, euch um euch selbst zu kümmern, und wir wollen euch durch viele Beispiele und vor allem durch die Erweiterung eures Horizonts und eurer Sinne wieder zu euch führen. Es gibt Menschen, die sind nur über die Ratio zu packen, andere Menschen trauen nur ihren Gefühlen, wiederum andere Menschen versuchen, alles zu negieren, und andere Menschen leben einfach in den Tag hinein. Alle diese Wesenszüge haben natürlich ihre Berechtigung. Doch ihr habt verlernt, alle Wesenszüge an euch gleichzeitig zu empfinden.

Bleiben wir bei dem Wort "empfinden" ... Empfindungen sind mehr als Gefühle. Gefühle sind etwas, was sich in eurem Herz abspielt, aber eine Empfindung ist das, was ihr in eurem Körper fühlt, was eure Stirn, euer Stirnchakra ausdrückt, es ist das, was ein Kribbeln in euch auslöst oder ein Angstempfinden. Und dieses Empfinden ist ganzheitlich und nicht nur alleine zu betrachten, denn alles hat seine Berechtigung, auch wenn ihr oft nur einen Teil als berechtigt sehen möchtet. Doch dies stimmt nicht. Ihr seid immer ein Wesen der Ganzheit. Ihr seid von Gott als vollkommene Wesen geschaffen worden, auch wenn ihr es nicht so seht. Empfindungen bedeuten die tiefste Form der eigenen Wahrnehmung, denn hierbei habt ihr die Chance, euch im Ganzen zu "sehen". Doch ihr scheitert einfach sehr oft daran, dass ihr eure Empfindungen von anderen Empfindungen, von Empfindungen über andere, überlagern lasst. Das heißt, ein Mensch begegnet euch und bringt euch etwas entgegen, meistens verbal, doch er bringt euch natürlich auch energetisch etwas entgegen. Dabei habt ihr eine gewisse Empfindung, ihr spürt etwas, und doch gebt ihr diesem Gespür keine Chance, zu wachsen und etwas in euch auszulösen.

Es ist natürlich oft vermeintlich das Gleiche, was ich euch sage. Ich möchte euch zu euch zurückführen, zu euren Wurzeln - und eure Wurzeln sind die Wurzeln eines Menschen auf dieser Erde. Ihr seid in der Lage, sehr viel zu erreichen, wenn ihr euch ganz betrachtet.

Ihr sollt wieder zu euch zurückgehen, ihr sollt euch selbst empfinden und euch selbst wieder wahrnehmen, euch all der Dinge, die ich euch sagte, bewusst werden. Dann werdet ihr einen Schritt im Menschsein, auch gegenüber anderen Menschen, weiterkommen.

Dana lehrt uns in diesem Kapitel mehr, als im ersten Moment erkennbar ist. Auch ich musste dieses Kapitel erst tief in mein Herz eindringen lassen, um seine Botschaft zu verstehen.

Zunächst einmal erscheint es mir wichtig, dass Empfindungen eben wirklich mehr sind als Gefühle. Das einprägsamste Beispiel hierzu ist wohl das Gefühl der Angst, die jeder in irgendeiner Form kennt. Das "nackte" Gefühl der Angst zieht aber noch eine

Reihe von Empfindungen nach sich, die bei jedem Menschen unterschiedlich ausfallen: rasender Puls, Zähneklappern, Schweißausbrüche, ein Engegefühl in der Brust und so weiter. Das Gefühl können wir oft beherrschen, um nicht zu sagen: unterdrücken. Die Empfindungen dagegen sind schwer zu regulieren. Sie sollen auch nicht reguliert werden, denn sie sind sozusagen unser sekundäres Warnsystem, da Angst – sofern es sich nicht um irrationale Phobien handelt – ja eindeutig einen Schutzmechanismus hat: Sie warnt uns vor Dingen, die uns schaden könnten ...

Insgesamt geht es in diesem Kapitel jedoch darum, uns in unserer Gesamtheit wahrzunehmen, und Dana beleuchtet die unterschiedlichen Wesensarten unserer Empfindungen. So hofft sie, uns wieder dahin zu führen, dass wir uns nicht in einzelnen Bruchstücken wahrnehmen, sondern dahin gelangen, alle unsere Empfindungen wieder wahrzunehmen und sie wie bei einem Mosaik zu einem Bild zusammenzusetzen. Erst wenn uns dies nach und nach wieder gelingt, werden wir ein Gesamtverständnis für uns aufbringen, und dies ist die unbedingte Voraussetzung dafür, unsere Mitmenschen begreifen zu können.

Vielen geht es jetzt wahrscheinlich so wie mir am Anfang, und Sie fragen sich vielleicht: Wie soll ich mich denn wahrnehmen? Ich habe es doch verlernt! – Das hatte ich auch. Doch eigentlich ist es gar nicht so schwer – wenn wir es wirklich wollen! Denn das ist die absolute Voraussetzung: Wir müssen uns wahrnehmen wollen, auch wenn das möglicherweise bedeutet, Eigenschaften an uns zu entdecken, die wir nicht mögen. Wenn wir also gewillt sind, uns wahrzunehmen, werden wir es können. Denn dann bedeutet es lediglich, sich selbst zu beobachten, sich selbst den Spiegel vorzuhalten und sich auch einmal zu hinterfragen. Doch genau dies ist es, wovor viele Menschen zurückschrecken – sich selbst beobachten, und zwar so, wie wir andere Menschen betrachten.

Fangen Sie einfach damit an, sich bewusst zu machen, worüber Sie sich freuen. Merken Sie sich dies, und Sie können dieses

Gefühl später umso besser abrufen. Als Nächstes könnten Sie sich zum Beispiel anschauen, worauf Sie ärgerlich reagieren bei einem Mitmenschen. Dieses aufmerksame Wahrnehmen ist der erste Schritt. Fragen Sie sich im nächsten Schritt: Was hat dieses Verhalten des anderen in mir ausgelöst? Hierbei ist es eminent wichtig, ehrlich zu sich zu sein und jeden Satz mit "ich" zu beginnen, zum Beispiel: "Ich war verärgert, weil der andere einen wunden Punkt in mir berührt hat." Wenn Sie so weit sind, haben Sie einen großen Schritt hin zur Selbsterkenntnis gemacht. Wenn es Ihnen nun noch gelingt, diesen wunden Punkt, den Ihr Gegenüber berührt hat, zu betrachten, haben Sie die Möglichkeit, ihn aufzulösen. Letztendlich muss jeder Versuch der Selbsterkenntnis in der Frage gipfeln: Was hat das Ganze mit mir zu tun? Und eines habe ich gelernt: Ist erst einmal der Wille da, diese Fragen zu stellen, stellt Gott uns Menschen an die Seite, die uns in diesem Prozess unterstützen.

Karma

Ich möchte ein wenig Klarheit in eure teils chaotischen Gedanken zu den vielen Kriegen und Katastrophen bringen, die auf dieser Erde geschehen. Ihr nehmt diese Dinge zum Anlass, um Gott zu verleugnen, und ihr sagt, dass Gott so etwas nicht zulassen dürfte, wenn er ein liebender Gott wäre. Doch halt – ist das nicht zu schnell geurteilt? Glaubt ihr wirklich, dass die Liebe Gottes richtet? Nein! Die Liebe Gottes hat dazu geführt, dass ihr den freien Willen für euer Leben habt. Ihr selbst entscheidet ganz alleine und nur für euch selbst, was ihr tut in eurem Leben und was ihr mit eurem Leben anfangt.

Ihr neigt natürlich dazu, immer die Umstände, das Äußere, für euer Schicksal verantwortlich zu machen. Doch das stimmt nicht! Ich habe euch schon einmal erklärt, dass gewisse Menschen, und das ist ein Prozentsatz von 30 bis 40, karmische alte Dinge aufzuarbeiten haben. Der Rest der Menschen hat viele karmische Dinge überwunden und kann zurzeit ein neues Leben beginnen. Aber auch diese 60 bis 70 Prozent haben karmische Entwicklungen in ihrer Seele angelegt, die noch aufgearbeitet werden müssen.

Was ist der Unterschied? Wenn ich Karma habe, das ich in diesem Leben abzuarbeiten habe, könnte es zum Beispiel sein, dass ich in einem vorherigen Leben ein Mörder war. Gott gibt diesem Mörder nun die Chance, dem Menschen, den er ermordet hat, in dem erneuten Leben wiederzubegegnen und diese Sünde wiedergutzumachen. Das könnte so aussehen, dass zum Beispiel der Mörder dem Ermordeten als Vater, Geschwisterteil oder Ehefrau begegnet und dabei eben gewisse Dinge aufarbeiten muss. Dies ist die eine Seite. Andererseits gibt es Menschen - der überwiegende Teil der Menschen, die noch karmische Verwerfungen in ihrer Seele haben, denn die Zahl derer, die ganz neu als Seele auf die Welt kommen, liegt bei weit unter einem Prozent -, die ebenfalls noch karmische Verwicklungen in der Seele angelegt haben. Ein Mensch war beispielsweise immer Soldat und hat in seinem Soldatensein den Befehlen gehorcht und eben Kriege mit geführt. Wenn er dies nun über mehrere Leben gelebt hat, so braucht seine Seele eine vollkommene Veränderung, um dieses kriegerische Dasein zu verlassen. Es könnte daher sein, dass dieser Mensch Priester oder Lehrer wird. Es kommt immer darauf an, welcher Art die seelisch-karmischen Verwachsungen sind und welcher Beruf geeignet ist, um sie aufzulösen. Doch egal, welcher Sorte Mensch ihr angehört, ihr seid alle durch eure vorherigen Leben gebunden, und es gilt, sie aufzuarbeiten. Wenn ihr dies nun in diesem Leben bewerkstelligt, so hat das natürlich Auswirkung auf alles andere in eurem jetzigen Leben und auf eure Mitmenschen.

Und nun kommen wir zu den Kriegen und den Katastrophen. Eure Seele bestimmt eure Energie, und es gibt nicht nur euch alleine. Es gibt euch in der Gruppe. Es gibt euch als Volk! Und dieses Volk hat eine gemeinsame Energie. Und auch ein Volk muss diese Energie, die es gemeinsam entwickelt, aufarbeiten, und ein Volk, das eine wenig ausgeprägte, wenig lichtvolle Energie hat, muss sich gemeinsam anstrengen, um in das Licht zu kommen. Oft ist es aber leider so, dass Menschen die Energie, sich zu verändern und ihre karmischen Verwicklungen aufzulösen, erst aufbringen, wenn sie leiden, und dies, so glaubt mir, löst in der gesamten Engelwelt immer wieder Trauer aus. Die gesamte Engelwelt würde euch dieses Leid gerne ersparen, und wir trauern immer wieder darüber, dass es so weit kommen muss. Doch eine Volksenergie ist sehr mächtig, und es ist leider so, dass ein Volk immer das zurückerhält, was es energetisch ausstrahlt. Das, was ihr energetisch ausstrahlt, erhaltet ihr von euren Mitmenschen gespiegelt. Wenn ihr Freundlichkeit und Höflichkeit ausstrahlt und dies energetisch wirklich von Herzen kommt, so werden euch andere Menschen ebenfalls mit Freundlichkeit und Höflichkeit begegnen. Und genau so ist es auch bei einem ganzen Volk. Wenn ein gesamtes Volk, das aus vielen Einzelenergien besteht, einen freundlichen und höflichen und vielleicht auch demütigen Charakter hat, so wird man ihm entsprechend begegnen.

Nun ist es eben eure freie Entscheidung, wie man zu einer neuen Energie kommt. So wie jeder einzelne Mensch entscheiden kann, dass er zum Mörder wird, kann auch ein Volk energetisch entscheiden, ob es einen Krieg anfängt. Warum greift Gott hier nicht ein? Das erscheint euch grausam, doch bedenkt: Liebe bedeutet Freiheit, die Freiheit der Entscheidungen. Das solltet ihr auch in eurer Ehe immer wieder bedenken. Liebe bedeutet Freiheit. Lasst euch dies durch den Kopf gehen und urteilt nicht zu schnell über andere Menschen. Denn karmische Verwicklungen sind eben nicht ganz so einfach aufzulösen, man kann nicht einfach einen Schalter umlegen. Insbesondere volkskarmische Verbindungen sind nur in einer gemeinsamen Anstrengung und in einem Wertewandel auflösbar, wobei dieser Wertewandel dem Volk nicht von anderen übergestülpt werden darf. Deshalb ist es nicht ratsam, eure Lebensphilosophie auf andere Völker zu übertragen. Denn dies verbaut ihnen zum Teil sogar die Chance, ihre eigene Identität, ihr eigenes Karma zu finden und aufzulösen.

Denkt daran, wenn ihr das nächste Mal wieder über eine Katastrophe lest, dass diese Katastrophe auch immer eine Chance für diese Menschen bedeutet, und denkt insbesondere daran, dass für viele Menschen, die vielleicht bei dieser Katastrophe ums Leben kommen, auch der Weg heim zu Gott erfolgt. Warum also sollte man so bestürzt sein über eine Katastrophe? Vielen Menschen ist damit geholfen, und viele haben auch energetisch diesen Weg gewählt, um Schuld abzutragen. Doch der Tod im materiellen Sinne ist ja kein Tod der Seele. Daran scheitert ihr immer, dass ihr den Tod als die Beendigung des Lebens seht. Doch dies stimmt so eben nicht. Das Leben ist nicht beendet, es wird nur in einer anderen, feinstofflichen Welt fortgesetzt. Hier sind die Energien von der Polarität der Menschheit getrennt, und eine verwundete Seele, die heimkommt zu Gott, kann viel besser genesen als auf der Erde. Ihr messt dem Leben auf der Erde viel zu viel Bedeutung bei, weil ihr verlernt habt, eure geistige Welt wahrzunehmen. Natürlich lebt ihr gerne und natürlich ist es traurig, wenn ein geliebter Mensch stirbt. Doch das Sterben ist nur das Sterben der materiellen Hülle, niemals das der Seele.

Hier in diesem Kapitel nimmt Dana nochmals die Themen aus dem Kapitel "Kosmisches Gleichgewicht und Katastrophen" auf und beleuchtet sie im Zusammenhang mit dem Karma Einzelner, aber auch mit dem Karma ganzer Völker. Das Wichtigste, was hier gesagt wird, ist, dass Gott uns den freien Willen geschenkt hat. Das bedeutet, wir entscheiden - ob als einzelne Person oder als Volk - über uns Schicksal.

Schicksal ist damit nicht gottgegeben und unveränderbar, sondern das genaue Gegenteil ist der Fall: Wir sind die Herrscher über unser Schicksal, wir können und sollen es sogar beeinflussen, denn dadurch haben wir erst die Möglichkeit, unser Karma zu beeinflussen. Das erscheint mir als großes Geschenk Gottes. Wäre es so, dass ich quasi die Marionette Gottes wäre und eigene Anstrengungen keine Veränderungen meines Schicksals bewirken könnten, würde ich den Sinn des Lebens nicht verstehen. Doch so weiß ich, dass ich mein Schicksal selbst in der Hand habe und dass es sich lohnt, in mein Leben zu investieren. Wie schon einmal gesagt: Jeder ist seines Glückes Schmied.

Wenn nun jemand denkt, "Okay, das kann ich irgendwie noch nachvollziehen, aber dem Schicksal meines Volkes kann ich nicht entgehen", dem entgegne ich: Stopp, jeder Gedanke eines Einzelnen, der von Herzen kommt und wahrhaftig ist, ist Energie, und gleiche Energien finden zusammen. Das heißt konkret, jeder sollte sein eigenes Gedankengut prüfen, es bereinigen und möglicherweise sogar wandeln. Der neue, reine Gedanke wird dann sicherlich im Bekannten- oder Freundeskreis seinesgleichen finden - und damit wäre man schon zu zweit. So kann eine ganze Kette ausgelöst werden. Finden sich im Freundeskreis keine Gleichgesinnten, muss man überlegen, ob dieser Kreis der richtige ist.

Manchmal verrennt man sich auch, doch das gehört dazu, und Sie können jederzeit umkehren. Denken Sie immer daran: Sie sind der Herrscher über Ihr Schicksal!

Dunkelheit

Dunkelheit ist für euch Menschen bedrohlich, denn ihr schreibt der Dunkelheit automatisch das Schlechte, das Böse zu. Natürlich ist es so, dass das Böse, auch die gefallenen Engel, die Dunkelheit suchen. Aber nicht deshalb, weil es ihre natürliche Umgebung ist, sondern weil sie das Licht meiden. Und so könnt ihr auch bei vielen Menschen beobachten, wie sie das Licht meiden, die Dunkelheit vorziehen und sich den Dingen widmen, die auch Dunkelheit bedeuten. Zum Beispiel betäuben die Menschen sich mit Alkohol oder Drogen. Dies alles dient dazu, die eigene Dunkelheit zu stärken und das Licht nicht sehen zu müssen.

Die dunklen Seiten in einem Menschen werden sehr oft nicht betrachtet, aber unbewusst müssen sie natürlich leben, denn sie gehören zu euch wie die hellen Seiten. Die dunklen Seiten treten immer dann zutage, wenn ihr glaubt, unbeobachtet zu sein, wenn niemand da ist, der euch richten kann. Doch ihr vergesst: Der Richter seid immer ihr selbst. Ihr alleine richtet euch, wertet und bestimmt, was die dunkle Seite ist und was die helle. Dabei ist es doch so, wie ich euch schon einmal erklärte, dass es diese Unterscheidung eigentlich nicht gibt. Wie immer im Leben ist es so, dass keines der Extreme gut ist. Wenn ihr auf die eine Seite pendelt, bewegt ihr euch aus dem Gleichgewicht, wenn ihr euch nach der anderen Seite bewegt, ebenfalls. Den mittleren Weg zu finden, ist das Schwerste für euch Menschen. Doch wenn ihr akzeptieren könntet, dass es beide Seiten in euch gibt und dass sie sich gegenseitig bedingen und beeinflussen, würdet ihr einen Schritt weiterkommen. Dunkelheit ist nichts Bedrohliches. Natürlich strebt ihr automatisch zum Licht, denn das habt ihr vor eurer Inkarnation jeden Tag erlebt, und es ist für euch die Verheißung. Ihr werdet auch nach diesem Leben wieder in das Licht kommen. Manche von euch, die nur noch die Dunkelheit suchen, werden jedoch nicht direkt nach dem Tod das Licht erleben. Hier findet vor der Heimkehr ins Licht noch eine Reinigung statt, die unterschiedlich lange dauern kann.

Eine der dunkelsten Seiten, die ihr in euch habt, ist die materielle Seite, das ausschließliche Streben nach Geld. Ihr Menschen seid oftmals abhängig von den materiellen Dingen, und es ist so, dass Gott dies auch akzeptiert hat. Denn es ist eine Prüfung. Das Schwelgen in Luxus ist für viele Menschen das absolute Highlight in ihrem Leben. Auf der anderen Seite gibt es die bittere Armut. Beides ist gemacht und gewollt, denn die Seele strebt nach Extremen, und oft sind es, was materielle Güter betrifft, karmische Verwicklungen. Verwicklungen, die ihr aus früheren Leben in euch aufgebaut habt. Deshalb müssen viele Menschen in diesem Leben zum Beispiel hungern. Sie lernen dann merkwürdigerweise, das Wenige zu teilen. Überlegt euch dies immer gut, wenn ihr das nächste Mal so sehr auf eurem Besitz beharrt. Ihr müsst nicht spenden, aber das, was ihr übrig habt, das könnt ihr den Bedürftigen geben. Wenn ihr wieder einmal eure Kleider wegwerft, überlegt euch doch einfach, ob ihr sie nicht einfach den Armen spenden wollt.

Es ist sehr gut, wenn Menschen lernen, nicht ständig nach anderen zu schauen, die mehr haben, denn Neid führt euch von euch selbst und von eurem geistigen Weg fort und setzt zudem negative Energien in eurer Welt frei. Und dies ist ein großes Übel in dieser Welt. Doch versucht, in den dunklen Seiten auch immer eine Chance für euch zu sehen, einen Ausgleich für eure überproportional hellen Seiten. Denn nur wenn ihr beides gemeinsam annehmt, werdet ihr den wahren Weg zum Licht finden. Wie ich euch schon oft sagte, ist der wahre Weg der Weg der Mitte. Ausgeglichenheit und ein Annehmen beider Seiten führen euch zum Licht.

Ich glaube, den meisten Menschen wäre geholfen, wenn sie sich im Ganzen annehmen könnten - denn dann verschmelzen oft sogenannte "dunkle und helle" Seiten, und wir sind wir. Dunkelheit im hier angesprochenen Sinne ist im Übrigen die Dunkelheit der Seele. Es sind die Schatten, die wir selbst auf sie legen. Die Seele strebt in ihrem innersten, göttlichen Kern nach dem Licht - und Licht in diesem Sinne meint die reine Energie der Liebe, die bei Gott herrscht. Alles, was dazu führt, die Dunkelheit der Seele zu erhellen, ist energetisch gesehen mit diesem Licht verwandt. Das kann also zum Beispiel auch das bewusst genommene Vollbad in der Badewanne sein, das meine Seele streichelt.

Auf das hier angesprochene Thema Materialismus möchte ich nochmals besonders eingehen. Gott verlangt von uns keinen Verzicht auf materielle Güter, aber Mäßigung. Dieses Thema beschäftigt auch mich immer wieder, und so habe ich in meinen Andachten die Engel oft dazu befragt. Zusammenfassend kann man zu diesem Thema sagen: Es ist nicht so, dass Gott uns auf dieser Welt darben lassen will. Wenn Menschen wirklich in bitterer Armut leben, hat dies oft einen karmischen Hintergrund. Trotzdem ist das menschliche Wesen selten zufrieden mit dem, was es besitzt. Oft muss es immer noch mehr sein. Natürlich will jeder Mensch einen gewissen Lebensstandard erreichen, das ist völlig in Ordnung. Doch wenn er in diesem Streben die Menschlichkeit und sich selbst vergisst, so geht er den falschen Weg.

Bei vielen Menschen ist es doch so, dass im Alltag oft über das Geld nachgedacht wird. Wenn dieses Denken nun den Alltag dominiert, fehlt die Zeit und die geistige und seelische Freiheit, sich auch anderen Dingen zuzuwenden. Es fehlt insbesondere die Zeit und Freiheit, seine Spiritualität und seinen göttlichen Kern zu entdecken. Ich verhehle nicht, dass ich mich auch immer wieder in diese Falle begebe. Doch mittlerweile habe ich gelernt, es zu bemerken. Dann mache ich mir bewusst, wie gut es mir doch geht. Ich habe ein festes Dach über dem Kopf, habe jeden Tag gut zu essen, mein Kleiderschrank ist voll und frieren muss ich auch nicht - im Gegensatz zu vielen anderen Menschen auf dieser Welt.

Von der äußeren und der inneren Schönheit

Das Licht ist das elementare Element in eurem Leben, und doch verleugnet ihr oft das Licht in euch. Ihr habt ein sehr starkes Licht, nämlich euren göttlichen Funken. Ihr könnt ihn entfachen und dieses Licht in euch auch nach außen aussenden. Eure Aura würde heller werden, wenn ihr dies geschehen lassen würdet.

Viele Menschen begreifen das Licht, die Sonne, als ein Bräunungsmittel. Ich sage es einfach mal so, wie ich es empfinde und beobachte. Ihr legt euch in die Sonne und wundert euch, dass ihr einen Sonnenbrand bekommt. Die Sonne ist dazu da, euch Licht zu geben. Sie ist nicht dazu da, euch als Schönheitsmittel zu dienen. Natürlich dürft ihr, wenn ihr im Einklang mit ihr lebt, auch eure Haut bräunen. Aber dies soll natürlich geschehen und nicht dadurch, dass ihr unbedingt stundenlang in der Sonne liegt, um euch zu bräunen. Hätte Gott euch eine dunkle Hautfarbe verpassen wollen, so hätte er dies getan. Auch dies ist wider die Natur, wenn Menschen, die eine helle Haut haben, sie unbedingt dunkel haben wollen. Warum gefällt sie euch nicht so, wie sie ist?

Ihr rennt so schnell irgendwelchen Schönheitsidealen hinterher, weil ihr eure eigene Schönheit nicht seht. Ihr könnt eure eigene

Schönheit aber nur dann sehen, wenn ihr im Licht steht und euch im Licht betrachtet. Betrachtet euch einmal in einem Spiegel in Gottes Natur. Ihr werdet merken, dass euer Spiegelbild hier schon ganz anders strahlt, ganz anders aussieht. Und wenn ihr eure Natur dann sogar annehmen könnt, wird euer Spiegelbild immer schöner ... und ihr würdet unendlich schön werden können. Es ist tatsächlich so, dass sogar eure äußere Hülle sich dieser inneren Schönheit anpasst. Wenn Menschen euch als hässlich bezeichnen, so tun sie das nur deshalb, weil sie sich selbst hässlich finden.

Natürlich gibt es Menschen, die für euch auf den ersten Blick gar nicht ästhetisch aussehen. Das ist auch so, doch diese Menschen haben ein besonderes Schicksal. Auch hier gibt es wieder karmische Verwicklungen. In diesem Fall möchte ich euch sagen, warum das so ist. Wer in einem vergangenen Leben ständig nur versucht hat, seinen Körper in den Vordergrund zu stellen, mit seinem Körper zu arbeiten, mit seinem Körper andere Menschen zu bezirzen und nur dieses Mittel gewählt hat, muss nun lernen, geistig zu arbeiten. Und damit der Mensch nicht wieder in alte Muster verfällt, schenkt Gott ihm ein etwas anderes Aussehen. Doch seine innere Schönheit ist geblieben, und genau die muss er jetzt finden. Dies mag euch vielleicht im ersten Moment grausam vorkommen, doch erinnert euch bitte immer daran, dass Gott euch auf diese Welt schickt, um zu lernen. Denkt zudem daran, dass ihr immer den freien Willen habt. Es ist natürlich auch so, dass ihr im Himmel als Seele ebenfalls euren freien Willen habt, und ihr bestimmt den Weg, den ihr auf dieser Welt geht. Deshalb hat ein – in euren Augen – hässlicher Mensch genau dieses Äußere, diesen Weg gewählt, um geistig weiterzukommen.

Verurteilt Gott nicht immer so vorschnell, denn seine Weisheit übersteigt eure um ein Vielfaches. Ihr werdet sie auch nie verstehen, aber das verlangen wir auch nicht. Versteht vielmehr eure eigene Weisheit, sucht eure eigene Schönheit ... und ihr werdet sie finden. Doch versucht nicht, sie dadurch zu verbessern, dass ihr Schön-

heitsoperationen an euch durchführen lasst. Glaubt ihr, dadurch schön zu werden? Niemals. Dies ist ein Irrglaube, dem insbesondere die Menschen aus der High Society erliegen. Denn diese Menschen sind so oberflächlich geworden, dass sie überhaupt nicht mehr in der Lage sind, ihre eigene Schönheit, vor allem ihre eigene innere Schönheit, zu finden. Lasst euch gesagt sein, dass ihr niemals Schönheit erlangen werdet, indem ihr an eurem Körper herumbastelt.

Die wahre Schönheit, überhaupt Schönheit, kommt von innen. Es gibt Menschen, und auf sie solltet ihr achten, die ihr bei objektiver Betrachtung als hässlich empfinden würdet und die doch eine Ausstrahlung haben, die von innen ihre Schönheit nach außen strahlen lässt. Bei diesen Menschen kommt ihr erst gar nicht auf die Idee, das Körperliche zu werten. Das sollte euch zu denken geben. Nun wünsche ich mir, dass ihr euch auf den Weg macht und eure innere Schönheit sucht.

Auch in diesem Kapitel geht Dana nochmals auf das Karma ein. Karma kann man im Sinne von Dana mit Lebensaufgabe übersetzen, und diese Lebensaufgabe ist durch vorherige Leben beeinflusst. Doch wir haben in jedem Leben die Chance, das Karma zu verändern. Wie schon einmal gesagt, haben wir es selbst in der Hand, unser Leben zu gestalten. Menschen, die immer von Schicksal oder Zufall reden, wollen genau dies nicht wahrhaben. Diese Haltung ist natürlich die einfachere, kann man sich doch bei jeder Gelegenheit darauf beziehen, während man ansonsten selbst aktiv werden muss.

Was in diesem Zusammenhang ganz wichtig zum Verständnis ist: Wir wählen die Umstände des Lebens, das wir auf der Erde führen, schon vor der Inkarnation - selbstbestimmt - aus. Das heißt: Wir wählen die Eltern, die uns unsere Lebensaufgabe ermöglichen, selbst aus und damit - genetisch bedingt - auch unser Aussehen und unsere körperliche Verfassung. Wenn es unserer Lebensaufgabe dient, so werden wir eben nicht als Schönheit - wobei dies immer im Auge des Betrachters liegt - geboren. Nun ist es an uns, dieses Leben anzunehmen und unsere inneren Werte - ohne Ablenkung durch äußere Schönheit - zu entdecken. Damit haben wir die Chance, auch unser Äußeres zu verändern.

Wie oft bewundern wir Menschen, die eine tolle Ausstrahlung haben. Tritt bei diesen Menschen nicht automatisch ihr Äußeres in den Hintergrund? Noch verblüffender ist aber doch die Tatsache, dass solche Menschen in der Regel nie als hässlich betrachtet werden. Der Satz "Schönheit kommt von innen" hat also einen sehr wahren Kern. Doch viele Menschen glauben eben, dass sie den Ansprüchen der anderen nicht genügen, und schieben es auf das Äußere. Auch hier passt das schon zu Schicksal und Zufall Gesagte: Wir machen die Umstände für das, was uns widerfährt, verantwortlich und begreifen nicht die Chance, die uns gegeben wurde - die Chance, unseren Lebensweg nachhaltig zu verändern. Wir müssen uns selbst annehmen, so wie wir sind - weil unsere Seele es selbst so bestimmt hat. Es war unsere Entscheidung, so auf die Welt zu kommen, wie wir sind. Jetzt ist es an uns, diese Chance zu begreifen, sie zu nutzen und damit unsere Lebensaufgabe zu erfüllen.

Gehen Sie auf die Suche nach Ihrer inneren Schönheit, und glauben Sie daran, dass jeder Mensch sie besitzt, haben wir doch alle den göttlichen Funken in uns, der alles zum Strahlen bringen kann.

Demut

Ich möchte den Menschen auf dieser Welt heute eine Geschichte erzählen, die so bezeichnend ist für die Menschheit. Die Menschen kamen auf die Welt, weil Gott es so gewollt hat. Und sehr schnell machten sie sich alles untertan, fühlten sie sich doch gottgleich. Demut ist ein Wort, das die Menschheit völlig vergessen hat - Demut vor Gottes Schöpfung.

Wir schenken euch im Überfluss, auch wenn die Dinge - nach eurer Meinung - ungerecht verteilt sind auf dieser Welt. Doch jedes Volk, wie ich euch schon einmal sagte, trägt sein eigenes Schicksal. Und manche Menschen benötigen den Hunger, um weiterzukommen in ihrem Leben. Hunger ist etwas Schreckliches für euch, und auch wir sind sehr traurig, dass Menschen hungern müssen. Doch wie wir euch schon einmal sagten, ist es der freie Wille der Seelen, die in Hunger hineingeboren werden wollten, um lernen zu können. Meist waren sie nicht demütig. Sie haben nicht erkannt, welches Geschenk Gott ihnen mit der Natur gab, und die sinnlose Zerstörung der Natur war die Folge ihrer Habsucht und ihrer Gier. Man kann nämlich nicht nur habsüchtig und gierig sein, wenn man reich ist, sondern auch, wenn man arm ist. Der Mensch neigt dazu, Habsucht und Gier immer an dem schwächsten Glied in der Kette auszulassen.

Ihr begnügt euch zudem nicht mit dem, was Gott euch schenkte, sondern ihr strebt nach immer mehr, nach materiellen Gütern. Reicht denn nicht eine Wohnung? Reicht nicht ein Dach über dem Kopf? Oder schaut euch eure Kleiderschränke an. Sie sind voll. Ihr könntet mindestens zwei armen Menschen eine komplette Garderobe abgeben. Es sei euch gegönnt, dass ihr habt, doch werdet euch eures Überflusses manchmal auch wieder bewusst. Werdet demütig vor dem, was Gott euch schenkte.

Jesus, der Herr auf dieser Welt, möchte die Menschen nicht leiden sehen. Doch es gibt eben Menschen, die wieder anfangen müssen, Demut zu lernen. Bei manchen Menschen ist es leider notwendig, dass sie dies ganz unten auf der gesellschaftlichen Leiter lernen. Doch vergesst nie: Diese Menschen haben sich freiwillig dazu entschlossen, dieses Schicksal auf sich zu nehmen. Und was euch grausam, was euch ungerecht erscheint, ist Gottes Gnade. Er gewährt diesen Menschen mit diesem Leben die Möglichkeit, ihre karmischen Verwicklungen zu entwirren und ihre Demut neu zu entdecken.

Doch ihr, die ihr im Überfluss lebt, glaubt ihr, dass euer Schicksal so viel besser ist? Ihr macht so vieles vom Materiellen abhängig, glaubt, dass daran das Wohl der Menschheit zu messen ist. Natürlich erkennen auch wir im Himmel, dass Hunger und Armut für euch Menschen eine große Bürde sind. Doch manchmal glauben wir, dass die größere Bürde der Luxus beziehungsweise der Wunsch nach dessen Vermehrung ist. Denn ihr werdet dabei arm an geistigem Wachstum. Durch euer Streben nach noch mehr verliert ihr immer mehr den Bezug zu euch selbst. Es gibt wenige Menschen, die demütig und dankbar auf das blicken, was sie geschenkt bekommen haben.

Dieses Streben nach materiellem Glück erlaubt euch oft nicht mehr zu sehen, was ihr tatsächlich schon erreicht habt. Um euer Gewissen zu beruhigen, spendet ihr dann ein- oder zweimal im Jahr eine gewisse Summe, die ein Nichts ist verglichen mit dem, was ihr habt. Ihr glaubt, damit hättet ihr eure Demut bewiesen.

Doch Demut kann nicht im Äußeren stattfinden. Demut muss im Herzen stattfinden. Demut ist auch Dankbarkeit gegenüber dem, was ihr erhalten habt.

Werdet euch wieder bewusst, dass allein die Tatsache, dass ihr inkarniert seid, um eure Seele wieder ein weiteres Stück zu vervollkommnen, ein großes Geschenk ist. Und überlegt euch ganz besonders, dass Demut, also diese Dankbarkeit vor den Geschenken Gottes, euch in eurem geistigen Wachstum sehr viel weiterbringen kann.

In diesem Kapitel hält uns Dana mit gnadenloser Ehrlichkeit den Spiegel vor Augen. Als ich diese Durchsage erhielt, war mir zunächst klar, dass das Gesagte ganz selbstverständlich ist, doch je öfter ich es las, desto mehr Zweifel kamen mir. Der Gedanke, dass Gott es zulässt, dass Menschen hungern, schlich sich in mein Bewusstsein und ließ mich nicht mehr los. Deshalb empfand auch ich Gott als ungerecht, selbst wenn ich durch meine langjährige Verbundenheit mit den Engeln und durch die vielen Durchsagen, die ich erhalten hatte, die Zusammenhänge hätte erkennen müssen. Aber wir Menschen neigen eben immer dazu, das weltliche "Schicksal" in den Vordergrund zu stellen, und wir vergessen dabei, dass dieses Schicksal selbst gewählt ist und von uns verändert werden kann.

Leider benötigen wir Menschen immer den Schubs von außen, um uns vorwärtszubewegen. Und der Schubs, der uns am meisten bewegt, ist nun mal das Leid. Jesus sagte mir einmal auf geistiger Ebene, dass er es viel lieber sähe, wenn er uns Menschen ohne Hunger, Armut oder sonstige materielle Nöte auf der Welt beließe. Die Neigung aber, den Materialismus über ein gesundes Maß hinaus zu steigern, sei eben sehr ausgeprägt. Manchmal leben Menschen in Armut, um diesen die Chance zu eröffnen, ihren selbst gewählten Lebensweg auch tatsächlich bestreiten zu können - nämlich genau ohne dieses Streben nach immer mehr.

Ich finde das natürlich sehr schade, doch es scheint schon so zu sein, dass dies der einzige Weg ist. Wie ich aus eigener Erfahrung weiß, führen die Gedanken an das "liebe" Geld zu einer ziemlichen Isolation der eigenen Gefühle. Ich kann mich regelrecht festbeißen an diesem Gedanken und muss mich dann zwingen, wieder davon loszukommen. Wenn ich dies schaffe und mit Staunen einmal den eigenen Besitz betrachte, erkenne ich, wie gut es mir und meiner Familie geht, auch wenn ich weder wohlhabend noch reich bin. Doch ich habe jeden Tag genügend Speis und Trank, habe ein Dach über dem Kopf und mehr als genügend anzuziehen. Danach schaue ich mich weiter um und erkenne den Luxus, den ich habe: zwei Fernseher, ein DVD-Rekorder, ein Auto und so weiter. Eigentlich ist das alles unverschämt viel verglichen mit armen Menschen. Mache ich mir dies bewusst, so senke ich den Kopf voller Demut, wie sehr mich Jesus beziehungsweise Gott beschenkt hat. So ist es mir auch möglich, keinen Neid zu empfinden auf Menschen, die mehr haben als ich. Ich gönne es ihnen von Herzen, wünsche ihnen aber auch, dass sie die gleiche Erkenntnis haben werden und so wieder näher zu sich selbst kommen.

Vor einigen Tagen sah ich zufällig einen Fernsehbeitrag über drei wohlhabende Menschen. Dieses Streben nach Bestätigung ihrer Lebensleistung durch das Zur-Schau-Stellen von immer mehr Luxusgütern erscheint mir sehr suspekt. Irgendwie sieht man diesen Menschen gar nicht mehr, sondern nur noch seinen Luxus. Ob dieser Mensch sich wohl selbst noch sieht, wo er doch den ganzen Tag nach Reichtum strebt? Wenn ich dies sehe, bin ich froh, solch einen Weg nicht eingeschlagen zu haben, und ich bin auch froh darüber, dass ich nicht Hunger leiden muss. Ich danke Gott für diese Gnade und hoffe, dass ich und die Menschen dieser Welt die Geschenke Gottes mehr erkennen und wieder schätzen lernen.

Neid

Kommen wir, da wir im letzten Kapitel über die Demut gesprochen haben, zu einem Grundübel, das sehr eng damit zusammenhängt: der Neid. Neid ist eines der großen Übel auf dieser Welt und hat etwas mit fehlender Demut zu tun. Eigentlich ist es genau das Gegenteil, denn Neid bedeutet ja, dem anderen etwas, das man selbst nicht hat, zu missgönnen. Warum tut ihr das? Es ist ganz einfach. Weil ihr den Wert dessen, was ihr selbst habt, nicht erkennt.

Aber es geht noch weiter, denn Neid ist auch immer ein Ausdruck, dass ihr nur noch im Materiellen sucht. Seid ihr neidisch auf Fähigkeiten von Menschen? Nein, in der Regel nicht. Überlegt euch, auf was ihr neidisch seid. Oft auf das, was ein anderer Mensch besitzt, im materiellen Sinne. Ein größeres Haus, ein größeres Auto, einen größeren Garten oder so etwas. Manchmal seid ihr auch neidisch darauf, dass er besser aussieht, dass er eine hübschere Frau hat. Aber auch dies sind eigentlich materielle Dinge.

Ganz selten sind Menschen neidisch auf die Fähigkeiten eines anderen Menschen, auf seine inneren Werte. Dies ist auch eine besondere Form des Neides und soll hier nicht besprochen werden. Ich möchte hier den Neid auf das Materielle erklären.

Im Tierreich gibt es diesen Neid ganz selten. Dort gibt es Reviere, und diese werden geachtet. Jedes Tier versucht, sein Auskommen zu finden, und kämpft jeden Tag um seine Nahrung. Und dieser Überlebenskampf genügt ihm. Natürlich gibt es Revierkämpfe, aber diese dienen nur dazu, das eigene Revier zu verteidigen, wenn neue Tiere eindringen. Dies ist kein Neid, sondern lediglich das Suchen nach dem Platz für das tägliche Überleben. Doch bei euch ist es ganz anders. Ihr seid neidisch auf viele Dinge, die ein anderer sein Eigen nennt. Warum glaubt ihr eigentlich, dass der andere es dann besser hat? Und hier kommen wir zu dem eigentlichen Übel des Neides.

Einen Grund habe ich euch schon genannt: Fehlende Demut ist die Wurzel des Neides. Könntet ihr auf das, was ihr habt, mit Demut herabblicken und sagen "Mir geht es gut", so hättet ihr die Grundemotion, die zu Neid führt, besiegt. Doch wenn ihr natürlich auf eure materiellen Dinge schaut und sie nicht wertschätzt, sie nicht als Geschenk Gottes seht, so werdet ihr euch umschauen, und ihr erkennt vielleicht bei anderen, dass sie ganz andere Dinge haben - mehr als ihr! Ihr fragt euch dann meist sofort: Warum ist das so? Warum haben die mehr als ich selbst? Diese Frage zieht Missgunst nach sich. Denn wenn ihr nicht zufrieden seid mit dem, was ihr habt, werdet ihr nie aus dem Stadium des Neides heraustreten.

Wie ich euch schon einmal sagte, ist das, was im Außen ist, auch im Inneren. Wenn ihr in der Lage wärt, euch selbst zu achten, euren eigenen Wert zu erkennen, würdet ihr nicht auf die Idee kommen, den Wert in materiellen Dingen zu suchen. Wenn euer Sein einen Wert für euch hätte, müsstet ihr nicht ständig nach Anerkennung im materiellen Sinne suchen. Doch diese Anerkennung für euch selbst ist leider oft nicht mehr gegeben, da euer Blick sich so sehr auf das materielle Gut gerichtet hat, dass ihr den Wert eines Menschen danach beurteilt, was er im materiellen Sinne geschaffen hat.

Glaubt ihr wirklich, dass Gott auf diese Dinge Wert legt? Dass er darauf schaut, was ein Mensch in seinem Leben an materiellen Gütern angehäuft hat? Nein. Der Wert vor Gott ist der Wert, den der Mensch auf dieser Welt erlangt, indem er geistiges Wachstum anstrebt. Und dabei kommt es noch nicht einmal darauf an, ob er alle Ziele, die er sich vor seiner Inkarnation gestellt hat, erreicht. Gott beurteilt den Weg, ob sich ein Mensch aufgemacht hat und ob er gute Ansätze zeigt. Ob er zum Beispiel versucht, gegen den Neid anzukämpfen, ob er versucht, demütig zu sein, ob er versucht, seinen eigenen Wert und den eines anderen Menschen zu erkennen. Und wenn so ein Mensch sich auf diesen Weg gemacht hat, so freut sich die ganze Engelwelt. So ist es Jesus dann gelungen, wieder einen Menschen auf die Welt zu schicken, der die Menschheit mit seiner Energie ein Stückchen weiterbringt. Denn jeder Mensch, der sich auf diesen Weg gemacht hat, bringt ein Stück weit positivere Energie in diese Welt. Das ist das Streben von Jesus, dem Herrn dieser Welt, denn geistiges Wachstum ist der Grund, weshalb euch der geistige Herr der Welt, Jesus Christus, auf diese Welt sandte.

Deshalb rufe ich euch zu: Überprüft euer Streben nach materiellen Gütern. Könnte es sein, dass es der Ausgleich ist für das Fehlen des eigenen Wertes? Überlegt euch immer, dass das, was ihr tut - euer Handeln -, immer geistig in euch angelegt ist und eine Ursache hat. Versucht, euren Wert wieder in euch selbst zu finden, und ihr werdet andere Menschen anders beurteilen und gar nicht mehr in der Lage sein, Neid auf ihren Besitz zu empfinden.

Auch in diesem Kapitel führt uns Dana die menschliche Natur vor Augen. Ich glaube, jeder, der ein wenig ehrlich zu sich ist, wird sich in Teilen wiedererkennen. Im Laufe seines Lebens hat jeder schon einmal Neid empfunden. Wie oft wird beispielsweise in der Presse über hohe Managergehälter oder deren Abfindungen geschimpft. Warum? Objektiv gesehen erscheint es gerechtfertigt, darüber zu schimpfen, aber hätte nicht jeder von uns einen Vertrag dieser Art unterschrieben? Wahrscheinlich ja. Also sind die Menschen in Wahrheit darauf neidisch, dass dieser Manager so viel Geld einstreicht. Diesen Menschen muss man aber auch bewusst machen, dass diese Manager dafür in der Regel eine 60- bis 70-Stunden-Woche haben, dass ihre Familie auf der Strecke bleibt und vieles mehr. Wo bleibt sein geistiges Wachstum, wann hat er Zeit für sich selbst? Ist dieser materielle Besitz es wirklich wert, seine Seele dem Streben danach unterzuordnen? Ist der Neid der anderen Menschen auf dieses Besitztum und das damit verbundene Leben wirklich angebracht? Jeder mag sich diese Frage selbst beantworten.

Doch eines ist gewiss: Empfinden wir Neid auf andere und ihren Besitz, so ist dies in Wahrheit ein Hilfeschrei der Seele. Sie möchte, dass wir uns selbst anerkennen und nicht dem Streben nach immer mehr materiellen Gütern verfallen. Dieses Streben nach immer mehr ist ein Zeitfresser für uns selbst, aber Zeit, die wir für das Streben nach Gütern verwenden, fehlt uns als Zeit für das Streben nach unserem eigenen Wohlbefinden, was nicht im Äußeren zu finden ist. Natürlich weiß auch die Engelwelt, dass wir Menschen ein gewisses Maß an Besitz anstreben - dieses Maß ist allerdings sehr individuell. Deshalb sollte sich jeder Mensch irgendwann im Leben die Frage stellen: Brauche ich wirklich noch mehr? Wenn man ehrlich wäre, würde man irgendwann sagen: nein. Doch für viele Menschen ist zu diesem Zeitpunkt das Streben nach mehr zum Lebensmittelpunkt geworden, und sie fürchten die Leere, die bleibt, wenn ihnen dieses Streben genommen wird. Das ist der Zeitpunkt, sich selbst zu suchen, seine Seele zu erforschen und seinen Wert daran zu bestimmen, was man ist, und nicht daran, was man besitzt.

Die Schatten der Vergangenheit

Ihr Menschen lebt sehr oft in der Vergangenheit. Ihr trauert verpassten Chancen nach, ihr denkt darüber nach, was ihr alles hättet besser machen können. Manchmal beschimpft ihr euch sogar für das, was ihr in der Vergangenheit getan habt. Ihr schaut zurück und betrachtet eure Vergangenheit mit der Weisheit eures jetzigen Lebensalters. Glaubt ihr wirklich, dass dies gerechtfertigt ist?

Wisst ihr, in der ersten Lebenshälfte eures Erdenzeitalters müsst ihr gewisse Fehler machen. Ihr seid jung und unbedarft und wollt das Leben erforschen. Der Auftrag, der euch auf diese Erde geführt hat, interessiert euch in der Regel die ersten Jahre eures Lebens nicht oder kaum. Nur die Kinder, die noch eine göttliche, reine Seele haben, vergessen auch in den ersten Lebensjahren niemals ihren Auftrag. Doch auch sie machen Fehler, um das menschliche Dasein zu erlernen und die Facetten des menschlichen Daseins für ihre Aufgabe zu erforschen. Ihr seid auf dieser Erde, um eine Aufgabe zu lösen, doch da euch dieser Auftrag zunächst nicht interessiert, rennt ihr in alle Richtungen, die euch gerade Spaß machen. So wie es die Jugend eben tut.

Dies ist nicht verwerflich, dies ist auch nicht schlecht oder gut oder böse, nein gar nichts. Es ist so. Doch irgendwann kommt im Erdenzeitalter eines jeden Menschen die Erkenntnis, dass da noch mehr sein muss. Manche Menschen ignorieren dann diese Erkenntnis und laufen weiter kreuz und quer durch ihr Leben. Das sind die Menschen, die irgendwann zurückblicken und sich dann ihre Fehler vor Augen halten.

Kinder, sagte ich, machen in ihrer Jugend Fehler, müssen sie sogar machen, damit sie auf ihrem Entwicklungsweg, der für dieses Leben vorgesehen ist, die frühen Erkenntnisse verarbeiten können. Die Frage, die sich natürlich jeder Mensch, der dies liest, stellt, ist, warum müssen wir überhaupt Fehler machen? Ganz einfach. Ihr seid auf dieser Erde, um auf eurem Lebensweg, der jetzt nicht irdisch gemeint ist, sondern in der Gesamtheit, ein Stück weiterzukommen. Dazu gibt Gott euch die Gnade, inkarniert zu werden, um Erkenntnisse zu gewinnen. In der Regel könnt ihr Menschen nur dann Erkenntnisse gewinnen, wenn ihr zuvor Fehler macht, und auch Kinder und Jugendliche, die immer noch Verbindung zu uns haben, machen noch Fehler, auch wenn wir ihnen mit Rat und Tat zu Seite stehen können. Denn sie wollen ihre eigenen Entscheidungen treffen. Sie wollen testen, wie es ist, wenn sie für sich selbst entscheiden. Und dies ist auch notwendig, denn es muss so sein, dass jeder Mensch seine eigenen Entscheidungen trifft und forciert. Sonst kann er die ihm gestellten Aufgaben in seinem Leben gar nicht meistern. So wird er immer wieder an die Kreuzungspunkte des Lebens geführt und steht dort vor Entscheidungen. Von daher wird es jetzt vielleicht deutlicher, dass es nicht angebracht ist, die Schatten der Vergangenheit im Hier und Jetzt vielleicht sogar negativ zu bewerten, denn das, was ihr Fehler nennt, wird von uns nie so bewertet. Es sind einfach Erkenntnisgewinne, die auf eurem Weg liegen und die von Entscheidungen geprägt wurden, die ihr selbst getroffen habt.

Kann eine Entscheidung, die ihr bewusst getroffen habt, jetzt wirklich einen Fehler darstellen? Nein, er ist begründet aus eurem Leben zum damaligen Zeitpunkt. Zum damaligen Zeitpunkt habt ihr so entschieden, weil ihr es für richtig hieltet. Natürlich kann man, wenn man zurückschaut, sagen, das war jetzt ein Fehler. Aber warum? Wäret ihr nicht gereift, so würdet ihr ihn gar nicht als Fehler erkennen. Nur durch euren Reifungsprozess und den Blick zurück könnt ihr erkennen, dass ihr etwas getan habt, was ihr heute nicht mehr so machen würdet. Und das, genau das ist der Zweck eurer sogenannten Fehler, nämlich die Erkenntnis zu gewinnen, dass ihr heute anders handeln würdet. Es befähigt euch, an den Kreuzungspunkten neu zu entscheiden, nicht die gleichen Fehler zu machen (Fehler immer in eurem Sinn).

Manche Menschen treffen natürlich immer wieder die gleichen Entscheidungen, und es reift keine Erkenntnis. Ich möchte euch ein Beispiel geben: Eure erste Liebe ist unglücklich geendet, weil ihr vielleicht einen Typ Mann oder Frau an eurer Seite hattet, der oder die für euer Leben nicht gut war. Oftmals wird das aber nicht so betrachtet, und man sucht sich für die nächste Partnerschaft genau den gleichen Typ Mensch aus. Das kann eigentlich nur dann gut gehen, wenn ihr zwischendurch gereift seid und dann ein zweites Mal mit solch einem Partner zusammengeht. Aber das wird in der Regel nicht passieren, denn wenn ihr gereift seid, wisst ihr, dass dieser Typ Mensch nicht zu euch passt, und ihr werdet euch einen anderen Partner suchen. Wenn ihr immer wieder den gleichen Partner nehmt und immer wieder die gleiche Enttäuschung erlebt, solltet ihr euch fragen, inwieweit ihr schon eine Erkenntnis aus dem gewonnen habt, was euch widerfahren ist. Wahrscheinlich seid ihr immer noch der Meinung, ihr müsstet etwas aufarbeiten.

Oftmals hängt diese Beziehung und das Bild des typischen Mannes oder der typischen Frau, den oder die ihr lieben wollt, mit euren Eltern zusammen. Das bedeutet auch, dass ihr erst entscheiden könnt, welcher Typ Mensch als Partner zu euch passt, wenn ihr euch wirklich von eurem Elternhaus abgenabelt habt. Vielleicht ist es der Typ Mensch, den euer Vater, eure Mutter dargestellt hat. Doch das werdet ihr so lange nicht erkennen können, solange ihr nicht frei von dem Einfluss eurer Eltern seid.

Versteht dies nicht falsch. Schon in den Zehn Geboten steht, dass ihr eure Eltern ehren sollt. Sie haben euch das Leben geschenkt, und sie haben euch die körperliche Hülle gegeben, mit der ihr erst auf dieser Erde wandeln und eure Inkarnation überhaupt durchlaufen könnt. Deswegen müsst ihr ihnen nicht ewig dankbar sein, aber ihr solltet immer respektvoll mit euren Eltern umgehen. Auch sie haben ihre Erlebnisse, auch sie haben ihre Vergangenheit, auch sie sind auf einem Lebensweg. Doch wenn ihr euch denn auf eurem eigenen Lebensweg entscheidend weiterentwickelt habt, werdet ihr eure Eltern manchmal sehr kritisch betrachten. Ihr fragt euch dann womöglich, warum sie dieses und jenes nicht getan haben? Ganz einfach, es war ihre Entscheidung, in diesem Leben vielleicht nicht so weit zu gehen, wie sie es vielleicht gekonnt hätten. Und betrachtet eure Eltern oft auch unter dem Aspekt, dass es noch Kriegskinder waren, die in ihrem Leben einen entscheidenden Schritt weitergekommen sind. Ihr seid eine andere Generation. Ihr müsst anderen Gesetzen folgen.

Wir urteilen über unsere früheren Handlungen und über Personen, die wir damals kannten, oft aus unserer heutigen Sicht. Dann kommen Fragen auf, wie wir dem- oder derjenigen nur vertrauen konnten, wie wir eine Freundschaft oder Partnerschaft mit dieser Person eingehen konnten. Doch genau diese Menschen, die uns damals begegneten, "zwangen" uns zu Handlungen, die notwendig waren, um einen bestimmten Erkenntnisgewinn zu erreichen.

Eigentlich sollten wir also dankbar sein, auch wenn diese damalige Zeit aus unserer heutigen, "weiseren" Sicht vielleicht negativ war.

Ich habe die Erfahrung gemacht, dass mich alles, was in meinem Leben geschah, und damit auch alle Menschen, die mir je begegneten, weitergebracht hat/haben. Oft wären die Umwege, die ich gegangen bin, sicherlich nicht notwendig gewesen - aus meiner jetzigen Sicht. Aber zu dem Zeitpunkt war ich eben noch nicht so weit zu erkennen, dass ich einen Umweg machte. Wäre ich damals geistig und seelisch weiter gewesen, hätte ich ihn nicht gebraucht, andererseits war es vielleicht gerade dieser Umweg, der mich meiner heutigen Erkenntnis erst nahegebracht hat. Darüber lässt sich sicherlich ähnlich philosophisch streiten wie über die Frage, was zuerst da war: das Huhn oder das Ei ...

Wozu ich allerdings auch lange brauchte, war, diese Vergangenheit, meine Vergangenheit mit den Augen der Vergebung zu betrachten. In vielen Gesprächen mit Freunden oder Bekannten stellte ich fest, dass dies oft ein noch größeres Problem ist als das bloße Erkennen der Tatsachen. Man ist vielleicht in seinem Leben so weit gekommen, dass man akzeptiert beziehungsweise erkannt hat, dass man zum Beispiel Eltern hatte, die lieblos, egoistisch oder in sonstiger Weise scheinbar negativ waren. Das ist ein wichtiger Schritt, um eigene Verhaltensweisen zu erklären oder auch zu verändern. Der nächste Schritt, der vergebende Schritt ist allerdings der entscheidende. Erst wenn man in der Lage ist zu erkennen, dass die Verhaltensweisen der Eltern genau dazu notwendig waren, dass man seinen vor der Inkarnation selbst gewählten Lebensweg bestreiten konnte, ist man in der Lage, diese Vergangenheit als Notwendigkeit zu akzeptieren. Dann ist es meiner Meinung nach auch möglich, die Vergangenheit in Frieden ruhen zu lassen.

So konnte ich auch meinen Eltern vergeben, denn sie hatten nichts Negatives getan. Sie haben mich so erzogen und so geliebt, wie sie es konnten. Soll ich sie dafür verurteilen, dass sie meinen Wünschen nicht gerecht wurden? Nein, vielmehr habe ich mittlerweile erkannt, dass sie genau die Eltern waren, die mich bis hierher - zu diesem Buch - geführt haben. Dafür gilt ihnen mein Dank und meine Liebe.

Gefühle zulassen

Haben wir heute nicht ein ziemlich trauriges Wetter? Doch auch dies hat seine Bedeutung. Die Erde folgt wie alle Lebewesen den Gefühlen von Freude, Glück und Schwermut, und im November ist die Natur eben ein wenig schwermütiger als sonst. Doch die Natur zeigt euch auch, welche Gefühle ihr euch in eurem Leben zugestehen solltet. Eben nicht nur Freude, nicht nur Glück.

Wenn ihr eure Aufgabe in eurem Leben, die ihr euch im Himmel vorgenommen habt, ernst nehmt, so werdet ihr irgendwann erkennen, dass jedes Gefühl, das ihr zulasst, euch ein Stück weiterbringt, eine Erkenntnis in sich birgt. Doch ihr teilt sogar eure Gefühle ein: in gute oder weniger gute. Glaubt ihr wirklich, dass das eurem Lebensweg förderlich ist, eure Gefühle einzuteilen oder zu bewerten? Es sind doch eure Gefühle, und sie sind okay, so wie sie sind. Ihr erlebt eine schmerzhafte Lebenserfahrung, und ihr glaubt, die Welt breche zusammen, ihr glaubt, Gott sei ungerecht. Warum lässt er dies zu? Warum ist zum Beispiel ein geliebter Mensch von euch gegangen?

Denkt immer daran, wenn ein Mensch euch auf der Erde verlässt, so verlässt er euch nur körperlich, niemals seelisch. Ihr werdet immer verbunden sein, auch wenn ihr es vielleicht gar nicht merkt. Aber es ist notwendig, dass ihr ihn loslasst, damit er zu uns in den Himmel zurückkehren kann. Wenn ihr mit eurem Schmerz und eurer Trauer einem verstorbenen Menschen ständig nachtrauert und wehklagt, so kann er euch nicht verlassen. Wünscht ihm Frieden auf seinem Weg, und freut euch für ihn, dass er heimkehrt zum Herrn. Er hat in seinem Leben ein weiteres Stück auf seinem Lebensweg - nicht im irdischen Sinne - zurückgelegt. Ob erfolgreich oder weniger erfolgreich, das kann nur euer Herr Jesus Christus, der Richter über euren Lebensweg, entscheiden. Doch ihr müsst keine Strafe fürchten, denn Jesus und euer Herr im Himmel lieben euch, egal, was ihr tut. Und wie ich euch schon versuchte zu sagen: Alles, was auf dieser Erde geschieht, hat einen Zweck, und scheint er auch noch so grausam zu sein.

Doch kehren wir zurück zu euren Gefühlen. Wir wünschen uns sehr, dass ihr eure Gefühle zulasst, doch oft kontrolliert ihr sie mit eurem Verstand. Unterdrückte Gefühle sind jedoch eine Zeitbombe für euren Körper. Denn unterdrückte Gefühle müssen sich Platz und Raum schaffen, und manchmal erfolgt eben ein körperlicher Ausgleich. Ihr werdet krank. Es gibt zu jeder Krankheit, wirklich zu jeder Krankheit, eine emotionale Entsprechung. Für die meisten Menschen ist das nicht einsehbar, sie wollen es nicht wahrhaben. Sie fallen aus allen Wolken, wenn sie plötzlich schwer erkranken. Doch diese Krankheit ist eine Chance, sich die Gefühle zu betrachten, die man unterdrückt hat. Wie ich schon sagte, unterdrückte Gefühle bergen körperliche Gefahren. Und wenn ihr eure Gefühle nicht wahrnehmt - und damit euch selbst nicht wahrnehmt -, habt ihr keine Chance, euren Lebensweg erfolgreich zu bestreiten.

Gefühle, die auch insgesamt in der Seele abgespeichert werden, sind der Motor eures Lebens. Und euer Lebensweg besteht eben nicht nur aus ständigem Tanz und Freude, sondern auch mal aus Niedergeschlagenheit und Traurigkeit. Doch ihr lasst euren Gefühlen keinen freien Lauf, weder in die eine noch in die andere Richtung. Ich habe euch schon einmal ein Beispiel gebracht, das ich hier gerne wiederholen möchte. Ein Kind zeigt seine Freude vielleicht dadurch, dass es spontan über die Wege hüpft oder tanzt. Wann habt ihr das das letzte Mal getan? Es wirkt ja auch befremdlich. Ist es nicht so, dass ihr euch wundert, wenn ihr einen Menschen seht, der vor lauter Freude die Hände in die Luft fliegen lässt - es sei denn, ihr seht es bei einem Fußballspiel oder einem Sportwettkampf?

Überlegt euch folgende Situation: Ihr geht spazieren - und plötzlich kommt euch ein Mensch entgegen, der einfach tanzt, der sich freut, der hüpft. Reibt ihr euch dann nicht verwundert die Augen? Schade. Lernt daraus, denn ihr könntet genauso sein. Es ist so schön, seinen Gefühlen Ausdruck zu verleihen. Und wenn man traurig ist und sich eine Stunde lang vergräbt und weint, dann ist das auch in Ordnung. Insbesondere Männer verstehen sich - nach wie vor - sehr darauf, niemals eine Schwäche zu zeigen. Dabei würde es sie viel sympathischer machen. Es wird die Zeit kommen, zu der die Menschen wieder lernen, ihre Gefühle zu zeigen. Ersehnt diese Zeit herbei, denn es wird die Zeit sein, in der die Menschen wieder öfter miteinander lachen werden, weil Gefühle zu zeigen, endlich wieder zum Zeitgeist passen wird.

Ihr werdet Glückseligkeit auf Erden erfahren, wenn die Menschen anfangen, ihre Gefühle zu zeigen, und sie werden dadurch offener und ehrlicher werden. Lügen werden dann weniger Chancen haben, fast keine mehr. Denn wer seine Gefühle zeigt, ist ehrlich, und wer ehrlich ist, dem sieht man die Lüge an. Deshalb macht alle den ersten Schritt, um auf dieser Erde einen Schritt weiterzukommen und diesem Ziel, dass sich Gefühle auf dieser Erde wieder zeigen dürfen, näher zu kommen.

Dana fordert uns auf, Gefühle zu zeigen. Vielleicht ist es Ihnen auch schon so ergangen: Sie würden ja gern Gefühle zeigen, aber was werden die anderen wohl dazu sagen? Schämen wir uns nicht oft für unsere Gefühle? Warum ist das wohl so, frage ich mich. Ich glaube, weil wir es in dieser schnelllebigen Welt, die sich um uns dreht, gar nicht mehr schaffen, Zeit und Raum für Gefühle zuzulassen. So verlernen wir immer mehr, unsere eigenen Gefühle zu erkennen und mit ihnen umzugehen. Sollten wir doch einmal Gefühle zeigen, reagiert unsere Umwelt oft verstört darauf - bekommt sie doch in diesem Moment den Spiegel der eigenen Unfähigkeit vorgehalten.

Dies ist eine schwer zu durchbrechende Aneinanderreihung von eingefahrenen Verhaltensweisen, die dazu führen, immer weiter von uns selbst wegzukommen. Aber ich habe es auch ganz anders erlebt, es gehört zwar ein wenig Mut dazu, doch er lohnt sich. Ich hatte vor einiger Zeit den Ansatz einer Depression und eines Burn-out-Syndroms, weil ich vergessen hatte, achtsam mit mir und meinen Gefühlen umzugehen. Es äußerte sich darin, dass ich immer herrischer gegenüber meinen Mitarbeitern, Kollegen, Freunden und meiner Familie wurde. Ich merkte zwar irgendwie, dass da etwas nicht stimmte, doch ich schob es beiseite - ich ignorierte dieses seltsame Gefühl, wollte es nicht sehen oder wahrnehmen. Mein Chef schob mir in dieser Zeit immer mehr Verantwortung zu, die ich bereitwillig annahm, um meine Macht zu mehren, aber ich vergaß dabei die Menschlichkeit gegenüber meinen Mitarbeitern und natürlich gegenüber mir selbst. Irgendwann spiegelte mir mein Team (endlich), wie sehr ich mich verändert hatte - sie sagten es mir offen und ehrlich. Mein Chef indes wollte immer noch mehr von mir, und jetzt spürte ich, dass ich dies gar nicht wollte, dass es mich belastete - war es doch ein Delegieren von Verantwortung auf mich, weil er sie nicht alleine tragen wollte beziehungsweise konnte. Dann wurde ich plötzlich krank - mein Rücken spielte nicht mehr mit, ich konnte mich kaum noch bewegen, geschweige denn vor einem PC sitzen. Mein Körper zeigte mir die rote Karte - zwang mich zur Ruhe.

Mein Arzt und Freund erkannte die Zeichen und führte mich in zwei Gesprächen zu meinen emotionalen Verwicklungen. Diese waren natürlich nicht angenehm zu erkennen, doch ich wusste, ich musste etwas tun. Damit war das Problem zwar offensichtlich geworden, war in meinem Geist, meinem Verstand angekommen, doch noch lange nicht in meinem Herzen. Leider war mein Kopf zu diesem Zeitpunkt ein starker Gegner meiner Gefühle. Er wollte nicht zulassen, dass ich wieder zu mir kam - ich hatte meinem mächtigen Verstand zu lange erlaubt, meine Gefühle zu unterdrücken, und als Folge davon war die Kraft meiner Emotionen verschwindend gering geworden. Meine üblichen meditativen Methoden, die mir sonst halfen, solch eine Krise zu überwinden, griffen nicht. Also musste ich etwas tun, was mir im Grunde meines Herzens gegen den Strich ging - um Hilfe bitten. Doch ich überwand mein männliches Ego und ging gemeinsam mit meiner Frau zu einer Freundin, der Frau meines Arztes, die in einer Meditation meine Gefühle regelrecht wieder aufschloss. Tränenreich, aber auch befreit konnte ich mich wieder fühlen - mich wieder ganz spüren.

Danach konnte ich wieder spüren, welches die nächsten notwendigen Schritte waren. Ich führte Gespräche mit meinem Chef, mit meinen Mitarbeitern und Kollegen, mit meiner Familie und offenbarte meine Gefühlswelt. Es war wunderbar zu erleben, auf wie viel Verständnis ich stieß. Durch mein Vorleben hatten auch meine Mitmenschen den Mut, sich zu offenbaren. Wir werden nun gemeinsam versuchen, einen neuen Weg einzuschlagen, und ich bin mir sicher, dass es uns gelingen wird, wenn wir achtsam mit uns sind. Im Übrigen haben wir doch auch immer Gott, den wir um Unterstützung bitten können. Ich hoffe, ich habe Ihnen mit diesem Beispiel ein wenig Mut gegeben, Ihre Gefühle wahrzunehmen und sie auch mitzuteilen.

Krankheit

Der Verstand ist eine mächtige Waffe, und für euch steht er über allem anderen, über allen anderen Bedürfnissen, die euch euer Geist, eure Seele und euer Herz eingeben. Eure Arbeitswelt ist leider so angelegt, dass ihr nur den Bedürfnissen des Geistes und eures Verstandes entsprecht. Ihr solltet euch gewahr werden, dass dies eine große Gefahr ist, denn die einseitige Konzentration auf nur eine eurer drei Säulen macht euch krank.

Eure Arbeitswelt, die leider nicht mehr dazu angetan ist, andere Sinne als den Verstand einzusetzen, ist nur ein Beispiel, das dazu führt, euch krank zu machen. Glaubt mir, auch in eurer Freizeit und in eurem Alltag setzt ihr euren Verstand über eure Seele und über euer Herz. Dies führt dazu, dass ihr euch immer einseitig auf einen eurer Sinne einlasst, und Einseitigkeit führt immer zu einem Ungleichgewicht in euch – und ein Ungleichgewicht in euch selbst führt dazu, dass ihr krank werdet.

Wenn es so weit ist, dass ein Körper nach einer Auszeit schreit, haben es der Geist und die Seele schon viel früher getan. Doch leider hört ihr Menschen nur noch auf die Zeichen des Körpers. Euch muss es körperlich erst richtig schlecht gehen, damit ihr überhaupt gewillt seid wahrzunehmen, was euer Geist und eure Seele vermissen. Und oft ist es auch in solchen Fällen so, dass ihr dann nur die Körperlichkeit behandelt. Ein paar Pillen, eine Operation, eine Bestrahlung, das genügt euch, um das Gefühl zu haben, wieder gesund zu werden. Ihr wundert euch danach, dass es eben nicht reicht, dass ihr euch danach zwar für einen kurzen Augenblick, vielleicht auch für ein oder zwei Jahre, wieder gesund fühlt. Doch ganz tief in eurem Unterbewusstsein spürt ihr, dass das nicht alles gewesen sein kann. Aber wieder durchlauft ihr einen wahren Ärztemarathon. Ihr rennt von einem Arzt zum anderen, jeder Arzt verdient daran und ihr bekommt unzählige Medikamente verschrieben. Die Kosten explodieren in eurem Gesundheitssystem.

Habt ihr eigentlich schon einmal überlegt, warum das so ist? Der Grund liegt darin, dass ihr eine körperliche Medizin habt und das Geistige und Seelische viel zu wenig beachtet werden. Ihr glaubt, ihr könntet eure Symptome, die euch krank machen, durch Medikamente oder durch einen Arztbesuch lindern. Dabei sitzt der beste Arzt in euch selbst. Ihr selbst seid der beste Arzt für euch, doch leider habt ihr verlernt, zu spüren und zu erleben, was euch guttut. Stattdessen vertraut ihr euch anderen Menschen an, die natürlich nach ihrem besten Wissen und Gewissen helfen, die Symptome zu bekämpfen. Doch die Ursachen werden in den seltensten Fällen hinterfragt. Langsam geschieht ein Umdenken – auch in eurer Ärzteschaft, doch es bedarf noch vieler Jahrzehnte, bis ihr wach werdet, weil das Bewusstsein der Menschen für ihre eigene Krankheit im Geist und in der Seele noch viel mehr gestärkt werden muss. Die Menschen sind auf der Suche und versuchen alternative Heilmethoden, was wir grundsätzlich begrüßen. Doch das eigene Ich, der Arzt, der das eigene Ich stärkt, ist wenig verbreitet. Ihn gilt es, zu stärken.

Natürlich habt ihr auch körperliche Gebrechen. Doch die kommen, wenn ihr eure Seele über Jahre hinweg ignoriert habt. Dann somatisiert sich euer seelischer Schmerz in einem eurer körperlichen Glieder. Ich möchte euch hierzu ein Beispiel geben:

Arthrose, weit verbreitet. Eine Volkskrankheit, an der viele leiden. Im weitesten Sinne gehören hierzu auch diese vielen Rückenleiden. Das ist ein klares Signal für eure Unbeugsamkeit euren seelischen und geistigen Wünschen gegenüber. Ihr stemmt euch mit aller Kraft gegen diese Wünsche. Ihr bewegt euch nicht im Fluss des Lebens, in dem der Liebe. Nein, ihr stemmt euch immer wieder dagegen, und deshalb verschleißen eure Gelenke. Immer wieder müssen sie versuchen, diese gewaltige Kraft, die ihr dazu nutzt, um euch gegen euch selbst zu stemmen, noch auszugleichen, sodass ihr beweglich bleibt. Natürlich sind solche Dinge auch erblich bedingt, keine Frage. Die erbliche Vorbelastung besagt aber nur, wo eure Schwachpunkte im Körper sind. Aber dass diese Krankheit ausbrechen muss, weil sie in eurem Körper angelegt ist, ist eine Mär. Vielmehr ist es so, dass ihr, wenn ihr im Gleichgewicht von Körper, Geist und Seele leben würdet, niemals großartige Probleme hättet. Doch ihr glaubt, dass ihr euch körperlich gegen die seelische und geistige Kraft wehren müsst. Dadurch entsteht ein Ungleichgewicht, was der Körper versucht auszugleichen, und dadurch kommt es natürlich zu Abnutzungserscheinungen.

Und sind diese körperlichen Gebrechen erst einmal da, sodass man sie erkennen kann, sodass sie also nicht mehr auf der Ebene im Anfangsstadium sind, sondern weiter fortgeschritten, so habt ihr tatsächlich körperliche Probleme, die ihr zum Teil auch mit Medikamenten heilen müsst. Aber nichtsdestotrotz könnt ihr diese Schmerzen oder diese Leiden lindern, indem ihr auch in diesem Stadium noch versteht, dass euer Körper, euer Geist und eure Seele immer noch versuchen, in den Fluss des Lebens zu kommen. Wenn ihr ihnen das ermöglicht, so habt ihr eine Chance, euer Dasein auf dieser Erde auch ohne Medikamente zu verbringen.

Ich wünsche euch so sehr, dass ihr wieder auf eure Liebe hört, die ihr in euch habt und die ihr so versteckt. Hört wieder auf eure geistige Intuition, auf euer Bauchgefühl und auf eure Seele, die die Verbindung zum Göttlichen immer wieder sucht. Werdet euch bewusst, dass ihr Kinder Gottes seid und dass ihr in euch selbst alles habt, was ihr braucht. Lasst euch nicht zu sehr beeinflussen. Natürlich seid ihr Gemeinschaftswesen, die auch immer wieder ein Miteinander anstreben müssen. Doch andererseits müsst ihr auch euren eigenen Wünschen Rechnung tragen. Versucht, hierbei ein gesundes Gleichgewicht zu finden, und euch wird es auf allen Ebenen besser gehen. Dies wünsche ich euch.

Dana redet uns in diesem Kapitel sehr eindringlich ins Gewissen. Für viele Menschen ist es befremdlich, bei Krankheiten des Körpers über seelische Ursachen im weiteren Sinne nachzudenken. Denn wie sollte etwa ein Schnupfen seelische Ursachen haben? Nun, ganz einfach: Wenn es um unsere Gemütsverfassung nicht zum Besten steht, ist auch unser Immunsystem geschwächt und somit anfälliger für Ansteckungskrankheiten. Prüfen Sie das nächste Mal bei einem dicken Schnupfen, ob Sie nicht die “Nase voll haben”. Wenn Sie zum Beispiel gerade die Nase von einer Sache auf Ihrer Arbeit voll haben, legen Sie eventuell die Grundlage für einen Schnupfen. Ob Sie diesen dann auch tatsächlich kriegen, hängt natürlich von weiteren Lebensumständen ab. Wie lange besteht schon das Gefühl, die Nase voll zu haben, gibt es weitere seelische Schwächungen, wie ist Ihr allgemeiner seelischer Zustand?

Dieses Muster gilt für alle Krankheiten, wobei es ja nach Schwere der Krankheit oft lange verborgene seelische Verletzungen gibt. So ist es oft so, dass die Ursache von Herzkrankheiten in einer Vernachlässigung der Liebe zu sich selbst zu suchen ist, aber auch andere Krankheiten wie Krebs haben ihren Anfang oft in einer strikten Vernachlässigung der eigenen Bedürfnisse genommen. Wie oft haben Sie schon erlebt, dass Sie ein körperliches Leiden verspüren, aber kein Arzt konnte Ihnen eine Diagnose stellen?

Ein mir sehr nahestehender Mensch hatte immer wieder Probleme mit seinem Knie. Er ging zum Röntgen und zu weiteren Untersuchungen, gefunden wurde nichts. Allerdings steckte dieser

Mensch damals in emotionalen Verwicklungen, weil er eine Entscheidung für sein weiteres Leben nicht treffen wollte - sein Verstand gaukelte ihm vor, dass es besser wäre, diese Entscheidung nicht zu treffen, obwohl sein Gefühl ihm dazu riet. Diese Unbeugsamkeit gegenüber den eigenen Wünschen blockierte sein innerstes Wachstum, und diese Blockade fand ihren Widerhall in den Knieschmerzen. Als dieser Mensch dann endlich seinen eigenen Wünschen nachgab, waren auch die Knieschmerzen sofort verschwunden. - Es kann unter Umständen Jahre dauern, bis ein seelisches Ungleichgewicht zu echten körperlichen Schäden führt. Garantiert gab es aber bis zum Ausbruch einer Krankheit oft Warnzeichen, die wir übersehen wollten.

Körper, Geist und Seele sollen im Einklang stehen, sagten schon die alten Philosophen, und sie hatten damals schon die Weisheit, dieses Beziehungsgeflecht zu erkennen. Im Einklang stehen bedeutet dabei, dass alle drei Einheiten gleichberechtigt sind und im Gleichklang miteinander agieren. In unserer Zeit haben wir diesen Gleichklang allerdings oft verlernt. Manche Menschen stellen den Körper in den Mittelpunkt: Sie stählen ihn, geben ihm die scheinbar gesündeste Nahrung. Andere wiederum geben ihrer Spiritualität die absolute Macht. Am weitesten verbreitet scheint aber die Spezies zu sein, die den Verstand über alles stellt. Alle drei Vertreter beachten jedoch nur eine Seite des eigenen Ichs und vernachlässigen die anderen. Damit leben wir nicht im Gleichklang und können den Grundstein für Krankheiten legen. Versuchen Sie, bei Krankheiten einfach einmal zu spüren, wie es Ihnen seelisch geht. Mit der Zeit entwickeln Sie ein Gefühl für sich selbst und damit für die möglichen Ursachen Ihrer Krankheit.

Ist die Krankheit erst mal da, ist es natürlich ratsam, zu einem Arzt zu gehen. Dieser wird Ihnen helfen, die körperlichen Symptome zu lindern. Dabei kann es natürlich auch einmal vonnöten sein, eine Operation über sich ergehen zu lassen. Aber geben Sie sich nicht damit zufrieden, sondern sehen Sie diese Krankheit auch als Chance, in sich hineinzuhören. Erkennen Sie Ihre seelischen und geistigen Verwicklungen, denn damit haben Sie die Möglichkeit, nicht nur die Symptome zu heilen, sondern auch deren Ursachen. Sollten Sie einen Arzt haben, dem Sie vertrauen und der gleichzeitig einen ganzheitlichen Ansatz bei Krankheiten vertritt, erzählen Sie ihm von Ihren Gefühlen. Dann hat der Arzt eine Chance, Sie wirksam in Ihren Gleichklang zu bringen und Sie tatsächlich zu heilen. Je öfter Sie diesen Weg einschlagen, je mehr Sie auf Ihr Innerstes hören, desto sensibler werden Sie für Ihre eigenen Bedürfnisse - und damit müssen Sie gar nicht erst krank werden.

Arbeit im Leben eines Menschen

Ich will heute über Arbeit reden. Arbeit ist für euch Menschen ein elementarer Punkt zu eurer Selbstverwirklichung. So glaubt ihr zumindest. Natürlich erkennen wir auch im Himmel und als Engelwesen, dass ihr, um euren Lebensunterhalt zu bestreiten, Arbeit annehmen müsst. Dagegen ist auch gar nichts einzuwenden. Es ist auch nichts einzuwenden gegen die Tatsache, dass ihr eure Arbeit ernst nehmt und dass ihr euch dort auch einbringt, eure Leistung bringen wollt. So wie es in jedem Lebensbereich, den ihr verwirklichen wollt, natürlich darauf ankommt, es mit ganzem Herzen zu tun, so tut ihr das auch mit eurer Arbeit. Doch leider, so muss ich euch sagen, hat dieses Streben nach Verwirklichung in der Arbeit in den letzten Jahren eminent an Bedeutung gewonnen. Arbeit ist nicht mehr nur dazu da, den Lebensunterhalt zu verdienen und sich ein Stück weit zu verwirklichen, sondern alles, was ihr im Leben an Selbstverwirklichung erreichen wollt, versucht ihr über die Arbeit zu erreichen. Dies erscheint uns als ein fragwürdiger Weg.

Manche Menschen werden jetzt wieder sagen: "Und wieder ein erhobener Zeigefinger!" Doch Arbeit ist zum alleinigen Lebensinhalt geworden und ihr vergesst, dass ihr nicht nur auf diese Erde gekommen seid, um zu arbeiten, um Leistung zu bringen, sondern um euch weiterzuentwickeln.

Ihr dürft gerne einen Job haben, in dem ihr euch wohlfühlt, in dem ihr euch auch einbringt und in dem ihr auch gewisse Dinge lernt. Natürlich ist eine Arbeit und die Menschen, die euch auf der Arbeit begegnen, daneben aber immer auch dazu da, um euch auf eurem Weg weiterzubringen. Wenn euch diese Arbeit nicht weiterbringen kann, wird es oft geschehen, dass ihr sie verliert, die Arbeitsstelle aufgeben müsst. Uns ist bewusst, dass Arbeitslosigkeit sofort einen sozialen Abstieg nach sich zieht. Natürlich habt ihr nicht mehr die finanziellen Mittel, die ihr vorher hattet. Doch anstatt darüber nachzudenken, warum ihr diese Arbeit wohl verloren habt, vielleicht auch aus Schutz davor, weil ihr euch sonst in dieser Arbeit selbst absolut verloren hättet, seid ihr nur am Nachtrauern. Natürlich gibt es Menschen, die kein soziales Gewissen haben und nicht darüber nachdenken, dass ihr Beitrag, den sie mit ihrer Arbeit leisten, auch der gesamten Gesellschaft zugutekommt, und deshalb schmarotzen. Doch die Gesellschaft, die diese Schmarotzer zulässt, ist nicht automatisch zu verurteilen, denn auch Jesus gab den Armen und Gebrechlichen. Und so soll es auch sein. Aber es ist durchaus in Ordnung, wenn diejenigen, die die Gesellschaft ausnutzen, es auch zu spüren bekommen. Nur leider verliert ihr das Augenmaß. Zu viele werden über einen Kamm geschoren. Zu sehr wird der Arbeitslose direkt von der Gesellschaft geächtet. Es wird nicht der Mensch betrachtet, sondern nur seine Arbeitslosigkeit. Dies ist sicherlich nicht der richtige Weg.

Eine Gesellschaft, die Arbeitslosigkeit kennt, muss sich immer Gedanken machen, warum dies so ist. Sie muss sich überlegen, welchen Weg die Gesellschaft insgesamt nehmen kann, damit es dieses Phänomen nicht gibt. Doch wie bereits erwähnt, geht es hier insbesondere auch um Ausgrenzung. Ihr grenzt arbeitslose Menschen aus. Warum? Weil ihr, die ihr Arbeit habt und euch nur in der Arbeit verwirklicht, dies so zum Lebensinhalt macht, dass ihr euch nicht vorstellen könnt, dass es Menschen gibt, die auch ohne Arbeit als Lebensinhalt etwas wert sind.

Euer Wert bestimmt sich sicherlich nicht nach dem, was ihr arbeitet oder leistet, sondern nach dem, wer ihr seid! Ihr seid natürlich auch jemand, der arbeitet. Doch dies ist nur ein geringer Teil. Was ist mit eurer Liebe, eurer Hoffnung, euren Träumen, all dem, was ihr anderen Menschen gegenüber zum Ausdruck bringt? Ihr Menschen besteht aus so vielen unterschiedlichen Facetten, dass es immer ein fataler Irrtum ist, sich nur nach einer Facette zu beurteilen und beurteilt zu werden. Aber ihr wisst: Das, was ihr innen tragt, erhaltet ihr von außen. Und wenn ihr euch nur über die Arbeit definiert, werdet ihr auch nur an der Arbeit gemessen werden.

Dann gibt es Menschen, die in eine Sinnkrise verfallen. Wenn sie zum Beispiel auf der Arbeit keine Anerkennung mehr erhalten, wird ihnen plötzlich bewusst, dass sie auch für gar nichts anderes Anerkennung erhalten. Aber gebt ihr euch denn selbst Anerkennung für das, was ihr seid, wenn ihr euch nur über Arbeit definiert? Sicherlich nicht. Wie gesagt, es ist ein Teil von euch, und er ist auf Erden natürlich notwendig. Doch wenn ihr weiterkommen wollt mit euch, mit eurem Weg, mit eurem Sein, gibt es daneben eben noch etwas. Wir möchten euch auffordern, euch einmal zu betrachten, indem ihr die Arbeit ausklammert. Versucht, euch dann einmal zu sehen. Viele werden jetzt viel Leere sehen und genau das ist das, was die Leere in euch ausmacht. Füllt diese Leere, indem ihr wieder anfangt, euren Wert auch anders zu sehen, anders zu bestimmen. Euer Wert bestimmt sich unter anderem aus dem, was ihr für euch selbst fühlt. Wir haben oft darüber gesprochen, dass dies ein schwieriger Weg ist.

Euer Wert bestimmt sich daneben nach dem, wie ihr mit anderen Menschen umgeht – Menschen, die euch begegnen, auch auf der Arbeit. Ihr seid soziale Wesen, schließt das aber auf der

Arbeit oft aus, indem ihr dort nur euren Vorteil seht und zu eurem Vorteil handelt. Versucht, auch auf eurer Arbeit als soziales Wesen zu handeln. Jetzt sagt ihr vielleicht: "Na ja, ich bin doch ein EDV-Fachmann, habe den ganzen Tag mit Maschinen zu tun. Wie soll ich da als soziales Wesen auftreten?" Dazu kann ich euch nur sagen: Ihr arbeitet in der Regel nicht alleine. Entweder habt ihr Kunden oder ihr habt Kollegen oder ihr verkauft oder kauft irgendwo etwas. Immer habt ihr mit anderen Menschen zu tun. Ihr arbeitet nie völlig isoliert. In diesem kleinen Umfeld könnt ihr euren sozialen Gedanken, und sei er nur, dass ihr Respekt anderen gegenüber ausstrahlt, leben. Ihr Menschen neigt dazu, immer nur das große Ziel zu sehen, statt im Kleinen anzufangen. Überlegt euch einmal: Wenn jeder, wenn er auf der Arbeit ist, den Menschen, denen er am Tag begegnet, mit Respekt, Toleranz und vorurteilsfrei begegnen würde - was könnte diese kleine Geste auf der Welt bewirken? Wir würden dem Frieden auf dieser Welt erheblich näher kommen.

Dies soll euch wieder sagen, dass all euer Tun nicht isoliert betrachtet werden kann, sondern immer im Zusammenhang mit dem, wer ihr seid, was ihr seid und wo ihr euch befindet. Jeder Mensch, der euch begegnet, hat etwas mit euch zu tun. Ob ihr es denn nun wahrhaben wollt oder nicht.

Ein schwieriges Kapitel - auch für mich. Auch ich kann mich davon, dass die Arbeit mich auffrisst, nie ganz frei machen. Es gibt Tage, da nehme ich die Energie der Arbeitswelt mit nach Hause und bin zu Hause genauso wie auf der Arbeit. Das hat natürlich Auswirkungen auf die Familie. Ich bin dann oft der sachliche Analyst, der die Emotionalität zur Seite schiebt. Ich spüre auch immer wieder, dass, wenn ich mich lange nicht um mich gekümmert habe, die Energie der Arbeit mich mehr und mehr vereinnahmt. Dann fällt es mir immer schwer, wieder in diese geistige Energie, in der ich diese Durchsagen aufnehme, dieses Buch schreibe oder in der ich Andachten abhalte, zu kommen. Mittlerweile habe ich zwar eine gewisse Übung, doch es gelingt mir nicht immer abzuschalten. Aber nicht, weil ich es nicht könnte, sondern weil ich mich nicht dazu aufraffe. Das Ende solcher Phasen ist oft, dass ich die Gedanken an die Arbeit mit ins Bett nehme, damit einschlafe und morgens damit aufwache.

Durch eine lange Krankheit - auch ich sah die Notwendigkeit der Umkehr nicht - kann ich heute aber zumindest die Zeichen meistens rechtzeitig deuten. Und ich habe einige Konsequenzen gezogen: Zum einen arbeite ich nicht mehr an meiner Karriere, ich bin zufrieden mit dem, was ich erreicht habe (es ist ein mittlerer Job in einer Behörde). Deshalb lehne ich Jobangebote für höhere Posten ab. Zum anderen habe ich meine Arbeitszeit verkürzt und will sie weiterhin Zug um Zug reduzieren. Dies eröffnet mir Spielräume, auch wenn ich dafür auf das eine oder andere verzichten muss. Doch ich eile den materiellen Dingen nicht mehr allzu sehr nach. Trotz allem nehme ich meinen Job ernst, manchmal zu ernst.

Deshalb glaube ich inzwischen, dass nicht nur das Karrieredenken und die Mehrung des materiellen Wohlstandes die Triebfedern sind, die uns dazu bringen, uns mehr und mehr in die Arbeit zu stürzen, sondern es scheint so, dass wir durch die Arbeit unsere eigene Identität und Bedeutung definieren. Das halte ich für ein Grundübel unserer Gesellschaft.

Viele Kolleginnen und Kollegen berichten mir oft davon, dass die Menschlichkeit in der Arbeit (oft unser Lebensmittelpunkt) verloren geht. Da haben sie recht, doch was tun wir - jeder Einzelne - dafür, dass die Menschlichkeit zurückkehrt? Betrachten wir unsere Kollegen - den Postboten, den Kraftfahrer, die Sekretärin, den Sachbearbeiter, den Vorgesetzten - wirklich als Menschen? Meinen wir die Frage "Wie geht es?" wirklich ernst? Bringen wir allen Menschen, die uns auf unserer Arbeit begegnen, Respekt entgegen? Ich weiß, dass diese Fragen nicht immer einfach zu beantworten sind, doch wenn jeder von uns wieder ein wenig mehr Mensch und nicht Arbeiter ist, werden wir auch die Arbeitswelt wieder humaner gestalten können. Daneben würde es uns helfen, nicht immer mühsam zu uns selbst zurückfinden zu müssen, weil ein Teil unseres Seins auch in der Arbeit gelebt werden dürfte.

Um dieses Ziel zu erreichen, ist es notwendig, dass wir am Anfang unseres neuen Denkens versuchen, die Energie der Arbeit nicht im privaten Umfeld zu leben. Dazu kann es hilfreich sein, uns nach der Arbeit mit einem Spaziergang, einer Meditation oder sonstigen Entspannungsübungen auf uns zu besinnen. Somit können wir uns selbst spüren und reflektieren, was es zu verbessern gilt. Wir leben damit natürlich zunächst einmal in zwei recht unterschiedlichen Welten. Allerdings wird uns dies helfen, uns selbst in unserer Gesamtheit zu begreifen, denn oft liegen sich diese Welten gerade am Anfang diametral gegenüber: Vernunft vs. Gefühl, also Geist vs. Seele. Je öfter wir diese Pole aber erkennen, desto leichter gelingt es uns, diese vermeintlichen Gegensätze zu vereinen. Vereinigung bedeutet hier ein Zusammenführen unseres Wesens. Gelingt uns dies, werden wir sowohl auf der Arbeit als auch im Privaten die gleiche Person sein. Wir sind dann in der Lage, den Kollegen nicht nur als solchen, sondern auch als Mensch zu sehen, denn wir sehen auch uns selbst nicht mehr getrennt.

Einen weiteren Aspekt zu diesem Kapitel möchte ich beleuchten: In unserer Gesellschaft ist es so, dass Arbeit beziehungsweise der Beruf bewertet wird. Ein Arzt ist mehr wert als der Bauarbeiter. Doch wer baut dem Arzt sein Haus, wenn es keinen Bauarbeiter gibt, und wer behandelt den Bauarbeiter, wenn er krank ist? Brauchen sich nicht beide gegenseitig? Verstehen Sie mich nicht falsch, ich ziele nicht auf das Gehalt der beiden Berufsgruppen ab – dies liegt zum einen in historisch gewachsenen Gründen oder im Verantwortungsbereich begründet. Was ich allerdings glaube, ist, dass wir nicht nur den Beruf bewerten, sondern auch den Menschen, der diesen Beruf ausübt. Ist es wirklich gut, einen Menschen nach seinem Beruf zu bewerten? Sollten wir den Menschen nicht nach seinem Menschsein bewerten? Oder verdient nicht sogar jeder Mensch den gleichen Respekt, dürfen wir überhaupt bewerten?

Sicherlich sind das eher philosophische Fragen, doch ich selbst habe in meinem Berufsleben verschiedenste Tätigkeiten ausgeübt: von einfachsten Bauarbeiten über eine akademische Ausbildung bis hin zu Führungstätigkeiten. In allen Tätigkeiten traf ich Menschen, die mir auf meinem Lebensweg einen Schritt weiterhalfen. Diese Unterstützung war allerdings nie davon abhängig, welchen Beruf ich (oder mein Gegenüber) ausgeübt habe, sondern es ging immer nur um den jeweiligen Menschen. Deshalb wünsche ich mir, dass in unserer Gesellschaft der Wert eines Menschen nicht an seinem Beruf, seinem Vermögen oder auch an seiner Herkunft festgemacht wird. Wir sollten erkennen, dass wir alle voneinander abhängig - was wäre der Käufer eines Automobils ohne den Arbeiter am Band und umgekehrt - und deshalb als Menschen zu bewerten sind und nicht als Ausübende eines Berufes. Damit würde der Neid ebenfalls ein großes Stück seiner Grundlage verlieren, und wir alle könnten uns insgesamt wieder mehr um uns selbst kümmern. Vergessen Sie nie: Der Zweck unseres Daseins auf Erden ist das geistige Wachstum, und das gelingt umso besser, je weniger wir uns von Äußerlichkeiten ablenken lassen.

Begegnungen

Wie ich euch schon anhand der Arbeitsstelle erklärte, gibt es immer Menschen, die euch aus einem bestimmten Grund begegnen. Darüber möchte ich euch heute ein wenig die Augen öffnen. Jeder Mensch, der euch begegnet, egal in welchem Zusammenhang und egal ob groß, ob klein, ob alt, ob jung, hat etwas mit eurem Weg zu tun - auch und gerade die Menschen, die ihr verurteilt. Es gibt sicherlich Begegnungen, die karmisch geprägt sind und die dadurch etwas in euch auslösen, die ein Unbehagen in euch auslösen, das ihr euch nicht erklären könnt. Doch auch dies ist etwas, was mit euch zu tun hat. Es könnte ein Mensch aus eurer karmischen Vergangenheit sein, mit dem noch eine Aussöhnung notwendig ist. Es kann aber auch eine Prüfung sein, dass ihr nicht auf falsche Propheten hereinfallt, dass ihr eurem eigenen Unbehagen ein Stück weit wieder mehr Glauben schenkt.

Doch jede Begegnung, sogar die Begegnung mit eurem eigenen Kind, hat immer einen Auftrag in dieser Welt. Ich sagte euch auch schon am Beispiel der hyperaktiven Kinder, welche Aufgabe sie haben können. Aber natürlich hat auch jedes andere Kind ebenfalls einen Auftrag. Wenn es euch die Zunge herausstreckt, wenn es frech zu euch ist, kann es zum Beispiel die Aufforderung sein, auch wieder ein wenig frecher zu sein, mehr aus sich herauszugehen, sein eigenes Ich zu leben. Wenn euch jemand mit Aggression, vielleicht sogar Hass begegnet, kann es vielleicht sein, und dies ist sehr oft so, dass ihr diesem Menschen keinen Respekt entgegenbringt. Ihr bringt ihm nicht die Toleranz entgegen, die er sich vielleicht wünscht und die ihr euch selbst auch wünscht.

Alles, jede Begegnung, hat etwas mit euch zu tun. Ich möchte euch dafür sensibilisieren, dass ihr nicht verschämt wegschaut, wenn euch wieder ein Mensch begegnet, der euch herausfordert, egal in welcher Form. Schaut nicht weg, sondern schaut ganz genau hin und lernt für euch. Begegnungen im Leben sind nie Zufall, sondern immer gewollt, von Gott gewollt. Teilweise sind sie sogar vor der Inkarnation schon verabredet. Du triffst demnach Menschen aus vergangenen Leben, und du triffst Menschen aus diesem Leben, die für dein Leben eine Bedeutung haben. Ihr glaubt, dass der zufällige Blick, den ihr bei einer neuen Begegnung erhascht, einfach so geschieht. Nein! Dieser erste Blick wandert in eure Seele, und alle Seelen sind in der Lage, mit diesem Blick hinabzuschauen. Nur verschließt man oft innerlich die Augen vor dem, was man sieht, was man bei dem anderen Menschen sieht. Oft will die eigene Seele es nicht sehen, weil der Mensch es nicht sehen will.

Doch Begegnungen sind nicht nur körperlicher Art, sondern natürlich auch geistiger und seelischer Art. Sie sollen eure Seele an etwas erinnern, sollen euren Geist dazu animieren zu wachsen. Ich möchte hierzu ein Beispiel geben. Ihr geht spazieren, und euch kommt jemand entgegen, der euch einen flüchtigen Blick zuwirft. Dieser flüchtige Blick erschreckt euch vielleicht, und nun steht ihr ratlos da und verdrängt dieses Gefühl. Doch vielleicht ist es gerade diese Begegnung, die den nächsten Schritt in eurem Leben auslösen kann.

Natürlich ist nicht jedes knappe Zusammentreffen eine Begegnung in diesem Sinne, sondern eine Begegnung, wie wir es meinen, ist, wenn ein neuer Mensch in euer Leben tritt, der auch eine gewisse Bedeutung haben kann. Dies kann ein neuer Vorgesetzter, ein neuer Arbeitskollege, ein neuer Sportkamerad, ein neuer Mensch in eurem Freundeskreis sein. Es gibt vielfältige Möglichkeiten, wie ihr neuen Menschen begegnen könnt. Diese Begegnungen sind immer ein Stück weit gewollt von uns und für einen gewissen Lebensabschnitt auch notwendig. Doch nicht immer lasst ihr euch auf diese Begegnung ein, und nicht immer nehmt ihr das, was euch dieser neue Mensch entgegenbringt, auch an. Vielleicht seid ihr dann einfach noch nicht soweit. Das macht nichts, aber wir werden euch immer wieder einen Menschen schicken, der euch die charakteristischen Eigenschaften, die euch guttun, spiegelt.

Denkt immer daran, dass die Menschen, die euch begegnen, einen wichtigen Bezug zu euch selbst haben. Denn das, was ihr im Inneren habt – das sagte ich euch in einem der vorangegangenen Kapitel schon einmal –, strahlt ihr nach außen aus. So ist es doch nicht verwunderlich und für jeden nachvollziehbar, wenn ihr dann je nach Ausstrahlung – ihr nennt es schon selbst so – anderen Menschen begegnet, die genau auf diese Ausstrahlung reagieren. Denn das, was ihr ausstrahlt, sucht ja ein Pendant, das darauf reagiert.

Damit erklärt sich, dass sich bei aufgeschlossenen Menschen immer wieder mal die Freunde, das Arbeitsumfeld verändern im Laufe des Lebens. Weil es nämlich so ist, dass ihr dann mithilfe der alten Menschen, die um euch herum waren, eine Situation für euch selbst aufgelöst habt. Oft endet die Auflösung einer Situation aber in einem Streit oder im Nichtverstehen und auch im Bewerten ("Wie konnte ich mal mit ihm zusammen sein? Wie konnte ich mal mit diesem Menschen befreundet sein?"). Das ist nicht gut, wenn ihr so wertet. Denn diese Menschen sind mit dafür verantwortlich, dass ihr vielleicht eine Stufe weitergekommen seid. Zumindest habt ihr euch weiterentwickelt. Vielleicht hat sich dieser andere Mensch nur in eine andere Richtung entwickelt.

Aber wollt ihr es ihm verdenken? Dieser Mensch war zu dem Zeitpunkt, zu dem er in euer Leben getreten ist, wichtig. Deshalb sollte es euch immer wichtig sein, diese Situation so zu betrachten, wie Gott es gewollt hat. Er hat euch zusammengeführt, damit beide Parteien die Chance haben zu lernen.

Vielleicht habt nur ihr euch weiterentwickelt, und der andere Mensch ist einfach schlichtweg stehen geblieben. Damit betrachtet ihr quasi euer altes Ego, wie es in der Vergangenheit war, und lehnt es ab, weil ihr euch weiterentwickelt habt, doch das erkennt ihr oft nicht. Ihr solltet weder euer altes Ego ablehnen, denn es war notwendig, damit ihr überhaupt die nächste Stufe erreichen konntet, noch solltet ihr den Menschen ablehnen, der euer altes Ego verkörpert. Denn eines ist gewiss: Auch dieser Mensch wird eine Chance haben zur Weiterentwicklung, sei es in diesem Leben oder auch in einem nächsten. Wir wünschen uns eine Fortentwicklung jedes Menschen in dem Leben, in dem er inkarniert ist. Doch ihr wisst, dass Zeit, der ihr immer so viel Bedeutung beimesst, in der Ewigkeit nie eine Rolle spielt und in der Engelwelt schon gar nicht. Deshalb verstehen auch viele Menschen die Bedeutung von Durchsagen der Engel, die einen Zeitbezug haben, oft nicht.

Wenn ihr nun euer altes Ego verlassen habt, so ist es natürlich auch an der Zeit, Raum für Neues zu schaffen. Wenn ihr mit einem Schritt noch in dieser Vergangenheit lebt, diesem alten Ego vielleicht sogar hinterhertrauert, werdet ihr nie Raum schaffen für die Entwicklung eures neuen Egos. Denn ihr steht mit einem Bein in eurem alten und mit dem anderen Bein in eurem neuen Ego. Das kann euch sogar krank machen auf körperlicher Ebene, denn eines ist gewiss: Man kann sich nicht ständig zwischen zwei Welten aufhalten. Dies kostet den Körper sehr viel Kraft, es kostet den Geist Kraft und die Seele auch. Ihr seid dann ständig im Kampf mit euch, in euch. Deshalb lasst euch auf neue Begegnungen ein.

Es sind allerdings oft auch Zeiten, in denen ihr vielleicht sogar einsam seid, weil eure Ausstrahlung so indifferent ist. Wie soll ein Mensch in euer Leben treten, der vielleicht gerade jetzt zu eurem neuen Ego passen würde, wenn ihr dieses neue Ego noch nicht angenommen habt und auch nicht ausstrahlen könnt? Wenn ihr an die Gesetze des energetischen Austausches glaubt, und ihr solltet daran glauben, denn sie wirken tatsächlich, dann entscheidet euch für euer neues Ego, damit diese neuen Energien in die Welt fließen können. Denn eines muss euch bewusst sein: Euer Wachstum ist vielleicht das Wachstum anderer Menschen, denen ihr begegnet. Das heißt, wenn ihr einen Schritt getan habt, könnt ihr mit eurer neuen Ausstrahlung in den nächsten Begegnungen auch anderen Menschen ein Stück weit auf ihrem Weg helfen.

Wie ich eingangs schon sagte, haben alle Begegnungen in dieser Welt ihre Bedeutung, auch wenn sich Völker gegenüberstehen. Für euch Menschen, insbesondere für die Menschen, die so fest an die Liebe Gottes glauben, scheinen Kriege immer unvereinbar mit der Liebe Gottes. Aber die Liebe Gottes ist so unermesslich, dass ihr manche Handlungen einfach nicht begreifen könnt, und ein Krieg gehört sicherlich dazu. Ihr dürft uns glauben, dass, wenn ein Krieg zwischen zwei Völkern ausbricht, wir schon tausend Jahre versucht haben, die Annäherung zwischen den Völkern, die Begegnung zu fördern. Der Krieg ist der letzte Ausweg, die letzte Möglichkeit, dass eine Begegnung zwischen diesen Völkern stattfinden kann. Das erscheint euch unmenschlich, doch manchmal sind Kriege notwendig, zumindest in eurer Welt, um Platz für Neues zu schaffen.

Ein Volk kann dabei allerdings niemals ein anderes Volk zwingen, seinen Weg zu gehen. Es gibt für jedes Volk seinen eigenen Weg, und jedes Volk hat seine Entwicklungsstufe genauso wie jeder Mensch, und man kann gewisse Entwicklungsstufen nicht überspringen. Man muss gewisse Entwicklungsschritte machen, weil die Seele natürlich auch langsam lernen muss. Sie hat in vielen Leben Erfahrungen aufgebaut. Diese Erfahrungen sind verankert, und es bedarf eines behutsamen Wandels, damit die Seele Vertrauen zu diesen neuen Dingen fasst. Es nutzt nichts, wenn sie überfallartig mit etwas Neuem konfrontiert wird. Deshalb kann man bei einem Volk wie dem Irak oder auch Afghanistan nicht erwarten, dass es die Demokratie, zu der beispielsweise Amerika auch dreihundert Jahre gebraucht hat, plötzlich von heute auf morgen leben kann. Die Menschen müssen dies lernen. Sie müssen lernen, mit dem Gefühl der Freiheit und dem Recht auf freie Meinungsbildung zu leben. Und deshalb nutzt es nichts, westliche Lebensart per Dekret an arabische Länder zu übergeben. Diese arabischen Länder waren vor tausend Jahren den westlichen Ländern weit überlegen. Doch irgendwann fingen sie an, mit dieser Überlegenheit nicht mehr sorgfältig umzugehen und verloren sich ebenfalls in kleinen Kriegen, denn irgendwann wurden die menschlichen Tugenden wie Wärme, Toleranz und Herzlichkeit aufgegeben zugunsten von Neid, Missgunst und Stolz. Dies sind dann oft die Ursachen für einen Krieg.

An all dem seht ihr schon, wie das Gesetz der Polarität wirkt. Es muss immer einen Ausgleich geben. Ihr habt es im alten Europa tatsächlich geschafft, einen guten Ausgleich der Energien zu erschaffen. Ihr habt aus eurem Zweiten Weltkrieg gelernt, dass es andere Wege geben muss. Ihr geht jetzt neue Wege. Die Zukunft wird zeigen, wo ihr damit hinkommt. Zurzeit gibt es allerdings Tendenzen, dass man das soziale Gewissen ein Stück weit wieder aufgibt – in Deutschland zumindest, in anderen Ländern wird es vorangetrieben. Auch Deutschland sollte überlegen, ob der Schutz der Schwächeren nicht einmal wieder mehr Beachtung verdient hätte. Eine Begegnung mit dem Ausland, das das soziale Gewissen nach wie vor ehrt, wäre wünschenswert. Nicht in Form eines Krieges, aber im Austausch und im Lernen von anderen, sonst werdet ihr auch an eurem Wohlstand verlieren.

Das Wichtigste aber bleibt: Begegnet den Menschen, die wir in euer Leben schicken, mit offenen Augen und überlegt euch, was sie mit eurer Ausstrahlung zu tun haben, was sie euch lehren sollen. Auch das, was ihr an ihnen ablehnt, lehrt euch etwas. Entweder es ist ein Teil, den ihr in euch ablehnt, oder es ist ein Teil in euch, den ihr weiterentwickeln müsst. Diese zwei Alternativen habt ihr. Deshalb seid immer wachsam und verurteilt niemals den, dem ihr begegnet seid. Ich wünsche euch nun, dass ihr euren zukünftigen Begegnungen mit offenem Herzen, mit wachem Verstand und gespannter Seele entgegenblickt.

Die Sorgfalt, die ihr bei euren Begegnungen mit Menschen walten lassen sollt, ist bei Gott und seinen wahren Engeln nicht notwendig. Denn Gott liebt alle Menschen, und auch wir Engel bemühen uns um dieses Ziel, was uns jedoch nicht immer gelingen kann; lediglich unseren großen Meistern, die diesen Weg vervollkommnet haben, gelingt es. Doch wir sind in Liebe geschult, tragen sie in uns und können sie weitergeben - und wir bewerten vor allem nicht, was ihr tut.

Ich möchte dieses Kapitel mit einigen Beispielen aus meiner eigenen Vergangenheit illustrieren. In meinem Leben bin ich viele verwinkelte Wege gegangen. Einer dieser Wege führte mich von einem grünen Beruf, bei dem ich meine erste Frau kennenlernte, zur Bundeswehr. Jetzt mag sich mancher denken: Wie kann ein Mensch, der mit Engeln spricht, zur Bundeswehr gehen? Das ist eine berechtigte Frage, doch ich hatte mich eben damals auch aus materiellen Beweggründen dazu entschieden. Ich glaube, dieser Schritt war notwendig, um meine alte Kriegerseele zu sensibilisieren.

Während meiner Zeit in der Armee verlor ich ziemlich gnadenlos das Gefühl für meine eigenen Emotionen, und als ich aus der Bundeswehr ausschied und einen neuen Lebensabschnitt begann, wurde mir das schmerzlich bewusst. Ich merkte plötzlich, dass ich einen Teil meiner Seele völlig vernachlässigt hatte – ich war ein Mensch, der nur noch mit dem Verstand durchs Leben ging. So hatte ich mich auch für meine erste Frau entschieden, mit dem Kopf – ich dachte sogar Gefühle, statt sie zu fühlen. Doch im Nachhinein ist mir bewusst geworden, dass ich genau diese Menschen während meiner Zeit unter den Soldaten benötigte, um irgendwann umkehren zu können.

Die Frage, warum ich nicht gleich einen anderen Weg eingeschlagen habe, ist sicherlich berechtigt. Das liegt daran, dass ich ein Mensch mit einer alten Seele bin, der schon oft als Krieger inkarniert war. Meine Seele konnte nicht von heute auf morgen auf ein neues Leben umgestellt werden. Auch nach der Zeit als Soldat dauerte es noch ein paar Jahre mit vielen Menschen, die mir unbewusst geholfen haben, bis ich meinen heutigen Weg eingeschlagen habe. Doch dann war ich sehr konsequent: Ich krempelte meinen gesamten Freundeskreis um, ich verließ Frau und Kinder und baute mir eine neue Existenz auf. Es dauerte Jahre, bis ich so weit gefestigt war, dass ich ein neues Umfeld hatte, in dem ich mich wohlfühlte, doch der Weg hat sich gelohnt.

Es sind in dieser Zeit viele Menschen gekommen und gegangen, die mir für gewisse Zeit zur Seite standen, die ich heute allerdings nicht mehr zu meinen Freunden zähle. Doch ich bin mittlerweile der unerschütterlichen Meinung, dass alle diese Begegnungen für meinen Weg notwendig waren, auch wenn sehr schmerzhafte Erfahrungen darunter waren. Ich glaube daran, dass viele Menschen in unserer Umgebung uns spiegeln. Leider ist es oft so, dass wir das Spiegelbild, nämlich uns selbst, nicht sehen wollen. Wer will schon wahrhaben, dass das Negative eines anderen Menschen nur der Widerhall unserer eigenen Ausstrahlung ist? Doch wenn wir uns ein wenig für diesen Gedanken öffnen, haben wir jeden Tag die Chance, ein wenig mehr über uns selbst zu erfahren.

Sollten Sie diesen Weg einschlagen, kann es sein, dass Sie irgendwann über alles und jeden nachdenken. Das brauchen Sie jedoch nicht mehr, wenn Sie Ihrem eigenen Ich nahe genug gekommen sind, um unterscheiden zu können, welcher Mensch in Ihrem Leben wirklich eine Bedeutung hat. Dann fällt es Ihnen leichter, die Begegnungen zu erkennen, die für Ihren Lebensweg wichtig und vielleicht notwendig sind.

Zeit

Zeit ist ein kostbares Gut. Doch ihr verschwendet eure Zeit oft und sinnlos. Ihr versteht unter Zeit immer die Phasen, in denen ihr aktiv sein könnt. Das geht so weit, dass ihr euren Schlaf verkürzt, um Zeit haben zu können, aktiv zu werden. Es geht so weit, dass ihr jede freie Minute eures Tages ausfüllt mit Geschäftigkeit.

Zeit bedeutet aber auch Zeit der Muse. Dies verlernt ihr Menschen immer mehr. Zeit des Nichtstuns, Zeit, in der man sich auf sich selbst besinnen kann. Doch davor habt ihr auch erhebliche Angst, denn das Nichtstun würde euch näher an euch selbst bringen. Einfach in der Natur zu liegen und sich selbst spüren, das fällt euch unendlich schwer. Stattdessen rast ihr durch die Welt. Natürlich sollt ihr auch euren Körper pflegen, sollt wandern gehen, Nordic Walking machen und solche Dinge. Doch ihr vergesst immer wieder den Weg der Mitte, nämlich das Beachten all eurer Bedürfnisse. Und eine Seele hat das dringende Bedürfnis, immer wieder in Einklang mit sich zu kommen. Doch dazu braucht die Seele Ruhe, innere Einkehr.

Wenn ihr zu euren Gurus geht, glaubt ihr, dass ihr dazu erst einmal finanziell etwas beitragen müsst, indem ihr diese Gurus hoch bezahlt. Und ihr glaubt, dass diese ganzen Mittel, die sie euch an die Hand geben, das sind, was ihr unbedingt braucht für euer Seelenheil. Ich möchte nicht verhehlen, dass es natürlich auch Menschen gibt, die euch tatsächlich zum Helfen geschickt werden. Doch dies geschieht auf Gottes Wegen und nicht durch eine Anmeldung zu einem Seminar, bei dem ihr angeblich euer Seelenheil kennenlernt. Ihr werdet damit sanft in Berührung gebracht. Ihr lernt entweder Menschen kennen, die euch auf dem Weg begleiten, oder euch fallen tatsächlich einfach Prospekte der Menschen in die Hände, die von uns geschickt werden. Dann – und nur dann – seid ihr bereit, dies auch in die Herzen aufzunehmen. Doch dies ist wirklich nur ein erster Schritt, damit ihr überhaupt wieder einmal lernt, euch selbst zu spüren.

Vergesst nie, dass Gott alles, was ihr benötigt, in euch selbst angelegt hat. Ihr könnt alles selbst. Natürlich ist es notwendig, manche Mechanismen zu lernen, und es ist auch gut, wenn es Menschen gibt, die euch auf den Weg bringen. Doch manchmal sind es auch wieder Zeitdiebe. Denn ein Wochenende, eine Stunde, die ihr an so einem Wochenende vielleicht in die Natur gehen würdet, um still mit euch selbst zu sein, würde euch schon erheblich weiterbringen. Zeit und Stille sind zwei Dinge, die zusammengehören. Wenn ihr euch Zeit nehmt für euch, bedeutet dies auch, in die Stille zu gehen. Seid still mit euch selbst, still mit euren Gedanken, die sich, wenn ihr sehr gut mit euch umgeht, verflüchtigen und dann zur Stille eurer Seele und eures Herzens werden.

Doch stattdessen sucht ihr in der Zeit immer wieder Ablenkung. Ihr könnt es nicht ertragen, Langeweile zu erleiden. Langeweile ist ein Wort, das von euch negativ geprägt wurde. Langeweile hat jedoch vielmehr etwas mit Stille zu tun, mit dem Bedürfnis eurer Seelen, mit euch in Kontakt zu treten. Doch statt diesem Bedürfnis Zeit einzuräumen, bremst ihr die "lange Weile" durch Aktivität. Jeder Mensch auf dieser Erde kennt diesen Mechanismus, und es fällt so unendlich schwer, mit sich alleine in der Stille Zeit zu verbringen. Ihr glaubt immer, ihr müsstet aktiv etwas tun, um euch zu verbessern. Ihr seid gut so, wie ihr seid. Wenn ihr dies einmal verstehen würdet und euch einfach annehmen könntet in der Zeit, die wir euch auf Erden schenken, so würdet ihr große Schritte weiterkommen.

Nehmt euch Zeit und fühlt euch, atmet tief durch, spürt euren Herzschlag, den Rhythmus eures Blutes - und versucht einfach einmal nur, euch zu spüren, ruhig zu sein. Fangt mit fünf Minuten an, einmal die Woche. Versucht einmal, einmal in der Woche fünf Minuten mit euch alleine zu sein. Ohne Beschallung, ohne Fernsehen, einfach nur mit euch. Ihr werdet es am Anfang oft unangenehm finden, weil sich euer Unterbewusstsein, eure Seele, euer Herz offenbaren will. Ihr fühlt diesen Druck. Dies ist unangenehm, und ihr versucht, davor davonzulaufen. Doch nur in dieser Stille, in dieser Zeit für euch, können eure drängenden Wünsche und Fragen euch erreichen. Eure Bedürfnisse, eure innersten Bedürfnisse werden euch dann heimsuchen. So empfindet ihr es zumindest. Doch das seid ihr. Und ihr seid großartig, und eure Wünsche sind auch großartig. Sie würden euch helfen, sie würden jedem Menschen helfen, zu sich selbst zu finden und seinen Weg klar vor Augen zu sehen. Doch dies ist etwas, was ihr innerlich wollen müsst. Entscheidet euch dafür, euch selbst zu spüren und euren Weg zu finden.

Zeit ist tatsächlich ein immer kostbarerer Faktor geworden. Ich spüre, dass wir unseren Alltag immer mehr beschleunigen. Dank der neuen elektronischen "Helferlein" sind wir jederzeit erreichbar. Die Inseln der Möglichkeiten zur Stille werden immer mehr beschränkt, das Gefühl, etwas zu verpassen, wird dafür immer größer. In diesem Spannungsfeld, in dem auch die ganze Eventtouristik ihre Abenteuer anpreist, bewegen wir uns permanent. Wer en vogue sein will, nennt einen Blackberry und damit meist die ständige Erreichbarkeit sein eigen. Zum "Entspannen" geht er dann zu einer Trekkingtour durch den Himalaja mit möglichst vielen Höhenmetern, der Raftingtour mit dem besonderen Kick oder sonstigen aktiven (vielleicht hyperaktiven?) Events. Urlaub auf dem Land mit ruhiger, friedvoller Energie - wie langweilig. Diese Anmerkungen sind sicherlich ein wenig überspitzt formuliert, zeigen aber doch, wie sehr wir heute Anreize suchen, um Spaß zu haben. Doch wir finden uns nicht, indem wir alles ausprobieren, was gerade angesagt ist. Wie soll denn die Seele überhaupt noch dazu kommen, ihre eigenen Wünsche zu äußern, geschweige denn zu manifestieren?

Dana spricht in ihrer Durchsage von Zeitdieben. Diese haben sich mannigfaltig in unser Leben geschlichen. Da wir verlernt haben, uns mit uns selbst zu beschäftigen, aber auch Freundschaften aufzubauen und vor allem zu pflegen, haben diese Zeitdiebe immer mehr Chancen, sich in unser Leben zu fressen. Zeitdiebe sind insbesondere unsere Medien wie Internet, Handy, Fernsehen und unser engmaschiger Terminplan. Wir folgen nicht mehr unserer inneren Uhr oder dem Takt der Natur. Die Interessen und Beschäftigungsmöglichkeiten sind Legion geworden, spontanes Leben wird schwierig in einer durchterminierten Welt. Sogar die Muse muss eingeplant werden, aber haben Sie in Ihrem Terminplan schon einmal eingetragen: "Tag für mich - ohne vorheriges Ziel"? Wenn Sie dann erkannt haben, dass Sie Zeit für sich bräuchten, belegen Sie ein Meditationsseminar, ein Yogaseminar oder Sonstiges. Grundsätzlich ist dagegen nichts einzuwenden, wenn Sie Ihre Bedürfnisse durch Ihre Seele erfahren, gespürt, gefühlt haben. Doch dazu benötigen Sie erst einmal Zeit, um sich überhaupt selbst erfahren zu können. Zeit, die nicht durch andere Termine beschränkt ist, Zeit, in der Ihre Seele, nachdem sie zur Ruhe gekommen ist, wieder leise mit Ihnen anfängt zu reden. Dann können Sie erkennen, was ihnen guttun wird, und dann, nur dann werden Ihnen Menschen, Seminare, Bücher und so weiter über den Weg laufen, die Sie Ihren Wünschen näherbringen werden.

Innere Einkehr

In den vielen vorangegangenen Kapiteln habe ich euch die Unwägbarkeiten des Lebens erklärt und dass Schicksal nicht immer zu bedeuten hat, dass alles festgelegt ist. Sondern, dass ihr eures Glückes Schmied seid, dass ihr Aufgaben, die ihr für euren Lebensweg benötigt, gestellt bekommt und sie ganz selbstständig lösen könnt. Es ist eure Entscheidung, es ist in eurer Macht, was ihr mit den Aufgaben tut. Je nachdem, wie ihr euch entschließt, die Aufgaben zu lösen, werden neue Aufgaben auf euch zukommen. Wenn ihr euren Lebensweg und eure innere Uhr tatsächlich beobachtet und ihr folgt, werdet ihr euren Lebensweg schaffen. Wenn nicht, werdet ihr einen Teil des verpassten Lebensweges in einem der nächsten Leben aufholen können oder müssen, so wie ihr es sehen wollt.

Um immer wieder den eigenen Lebensweg zu erfahren, möchte ich euch den Weg der inneren Einkehr nahebringen. Die innere Einkehr erlaubt euch, euer eigenes Ich zu sehen. In jedem von euch lebt eine weise Frau, ein weiser Mann. Dieser weise Mann oder diese weise Frau trägt das Buch des Lebens in sich, das Buch eures Lebens, und ihr könnt sie jederzeit besuchen. Dies erfordert einige Übung, und es ist sicher auch ratsam, dass ihr dies vielleicht am Anfang, wenn ihr euch noch unsicher seid, in Begleitung tut.

Dieser Weg der inneren Einkehr bedeutet, dass ihr in euer eigenes Haus heimkehrt, dort, wo sich die Schätze eures Lebens - sowie all der Leben zuvor - befinden. Hier könnt ihr nach eurem eigenen Lebensweg fragen. Ihr könnt ihn erspüren, sehen und ihr könnt auch bestimmte Erklärungen für euer Handeln in diesem Leben erfahren, indem ihr vergangene Leben betrachtet. Doch Vorsicht! Versucht nicht, nur aus Neugier all eure vergangenen Leben zu erfahren, denn dies ist nur für sehr gefestigte Menschen zu empfehlen. Aber ihr braucht keine Angst zu haben. Der innere weise Mann oder die innere weise Frau wird euch nur das offenbaren, was ihr verkraften könnt. Wenn ihr nun dorthin geht, so bedarf es eines offenen Herzens und der Neugier auf euch selbst.

Bereitet euch dazu vor, indem ihr sehr bewusst alle äußeren Einflüsse meditativ verhindert. Schafft euch ein Bild, in dem ihr euch seht, wie ihr zur Ruhe kommt. Das kann zum Beispiel eine Blockhütte an einem See sein oder eine Almhütte auf einer Wiese oder die Bergspitze eines euch faszinierenden Berges oder das Ufer eines Flusses. Doch es ist einfacher, euch eine Hütte, einen Unterschlupf vorzustellen. Und wenn ihr nun solch ein Bild geschaffen habt, so sollte dies ein Bild von absoluter Ruhe und absoluter Versunkenheit sein. Es sollten sich dort keine anderen Menschen außer euch selbst befinden.

Geht an das Haus oder die Hütte, klopft und wartet so lange vor der Tür, bis eure weise Person euch Eintritt gewährt. Tretet vor ihn/sie mit Demut, denn er/sie verkörpert eure göttliche Seele, euer göttliches Ich und ist damit Teil der göttlichen Fügung auf dieser Erde und damit auch Teil der göttlichen Engelwelt. Ihr seid Teil der göttlichen Engelwelt, auch wenn es nur ein kleiner Bereich in euch ist, den ihr so wenig zu verspüren mögt, weil ihr euch gar nicht vorstellen könnt, dass ihr ein Teil von Gottes Schöpfung seid. Tretet vor den weisen Mann oder die weise Frau hin, und fragt ihn/sie nach euren drängendsten Problemen. Es ist ein Problem eurer Seele, eures Herzens. Denn genau dort befindet ihr euch jetzt - in eurer Seele. Hier ist dieser weise Mann zu Hause und wird euch antworten können. Es kann sein, dass euer Herz dabei weinen muss, aber manchmal ist es eben gut, wenn euer eigener Schmerz und vielleicht auch eure eigene Freude, die ihr gar nicht wahrnehmen wollt, zutage tritt.

Es ist gut, wenn ihr euch, bevor ihr diese Reise zu eurem eigenen Ich, zu eurer eigenen inneren göttlichen Person antretet, frei macht von Ängsten, Schuldgefühlen und Vorwürfen. Kommt frei und empfangt offen die Aussagen, die euch tief im Inneren bewegen. Aber überlegt euch vorher, was für euch drängend ist. Dazu müsst ihr in der Lage sein, und das könnt ihr, wenn ihr die vorhergehenden Kapitel befolgt, die euch genau das lehren, die drängenden inneren Fragen zu erkennen. Ihr könnt somit auch erkennen, was lediglich von eurem Kopf gemacht ist und was tatsächlich eine Herzensangelegenheit ist. Denn hier liegt die Stärke eures inneren weisen Mannes, eurer inneren weisen Frau: euch euer Herz, euer Gefühl, eure Emotionen, euer Leid und eure Freude, euer Sein, das ihr so geschickt versucht zu verbergen, zu erklären. Dazu müsst ihr neugierig sein und euch fragen, wer ihr seid.

Begebt euch erst dann auf diesen Weg, wenn ihr euch lieb gewonnen habt und wenn ihr auch vermeintliche Fehler verzeihen könnt, wenn ihr in der Lage seid, eurem göttlichen Ich in Demut gegenüberzutreten und nicht dagegen aufzubegehren. Ihr seid, wie ihr seid, und erst wenn ihr wieder in der Lage seid, euer Sein als göttliches Sein zu erkennen, werdet ihr den Weg zu eurem eigenen Ich antreten können. Denn dann möchtet ihr auch eure eigene lang vergessene Seele wiederentdecken.

Ich wünsche euch auf eurem Weg zu eurem eigenen Ich viel Kraft, viel Stärke, viel Neugier auf euch selbst und das Erkennen, dass ihr ein Teil der göttlichen Welt seid.

Die innere Einkehr ist eine tiefe meditative Übung. Sie erlaubt den Blick auf alle wichtigen Ereignisse, die in der unsterblichen Seele verankert - gespeichert - wurden. Deshalb sollte die Reise dorthin mit tiefer Demut angetreten werden. Es sollte nicht aus reiner Neugier versucht werden, und in der Regel gelingt dieses Vorhaben dann auch nicht.

Der Weg zum eigenen inneren Buch des Lebens, das vom eigenen inneren weisen Mann oder der eigenen inneren weisen Frau vorgelesen wird (wobei dies nichts mit dem derzeitigen Geschlecht zu tun hat), kann sehr aufwühlend sein. Ich selbst habe dies auf meinem spirituellen Weg zunächst erst mit einer erfahrenen Therapeutin bewerkstelligt, auch wenn ich bei meinem ersten Besuch schon ein paar Jahre spirituelle Erfahrungen gesammelt hatte. Doch ich war sehr froh über diese Begleitung, konnte sie mir doch helfen, die Geheimnisse meiner Seele einzuordnen und zu verarbeiten. Heute gelange ich auch alleine zu meinem weisen Mann und weiß mit den gewonnenen Bildern gut umzugehen. Noch wichtiger aber ist mein Glaube an die göttliche Weisheit: Deshalb möchte ich immer nur erfahren, was ich für meinen Lebensweg gerade brauche.

Dana spricht von diesem Weg, um uns zu verdeutlichen, dass wir selbst mit Weisheit gesegnet sind - Weisheit, die den göttlichen Funken in sich trägt. Wir müssen nicht immer nur nach außen schauen, sondern sollten auch den Blick in unser Innerstes wagen, denn dort ist alles verborgen, was wir für ein erfülltes Leben brauchen. Niemand auf dieser Welt kann uns sagen, was das Beste für uns ist. Dies können wir immer nur selbst entscheiden.

Sollten Sie nun auf der Suche nach einem Menschen sein, der Sie - wie auch immer - auf Ihrem spirituellen Weg begleiten soll, so bedenken Sie Folgendes: Gott und die Engelwelt lassen uns den freien Willen. Damit möchte ich ausdrücken, dass ein von Gott und den Engeln geleiteter Wegbegleiter Ihnen immer die

Entscheidungsfreiheit über Ihre nächsten Schritte lässt. Er wird Ihnen keine vorgefertigten Lösungen und dafür notwendige Entscheidungen verkaufen, dafür wird er Sie in Ihrem eigenen Erkennen bestärken. Denn nur Sie - Sie ganz alleine - sind Ihres Glückes Schmied.

Der Weg in den eigenen Garten Eden

Das letzte Mal sagte ich euch, liebe Menschen, wie ihr euch zu euch selbst begeben könnt, wie ihr das Buch eures Lebens aufschlagen könnt. Das ist natürlich nur ein Weg, den ihr gehen könnt. Er hilft euch, Erkenntnisse zu finden, und er hilft euch, Erklärungen zu finden. Er hilft aber nicht unbedingt dabei, euren eigenen Weg in den Garten Eden zu finden, in euer Glücklichsein. Hierzu bedarf es mehr. Ich habe euch viele Dinge an die Hand gegeben, die euch helfen sollen, euch zu erkennen, euch wahrzunehmen, euch zu empfinden, eure Gefühle ernst zu nehmen und die Gefühle eurer Mitmenschen. Ihr werdet den Garten Eden auf dieser Welt nur finden, wenn ihr diesen Weg geht, auch wenn er euch sehr steinig erscheint.

Ihr sagt, warum kann ich das nicht einfacher haben? Doch glaubt mir: Der Weg in euer eigenes Glück, in euren Garten Eden, führt nur über euch selbst. Ihr habt alle Veranlagungen, die ihr benötigt, um diesen Weg zu finden. Ihr werdet euren Garten Eden finden, wenn ihr euch annehmt, wenn ihr euch dereinst auf eurem Wege – vielleicht auch auf Umwegen – zu euch begebt und euch erkannt habt, so werdet ihr die Göttlichkeit in euch erkennen.

Denn ihr seid ein Teil von Gott, da jeder von euch auf dem Weg zur Erde einen Funken Gottes mitbekommt. Aber ihr glaubt immer, dass ihr hier im Tal der Tränen seid. Doch so ist es nicht. Ihr könnt auf dieser Welt viel erreichen, wenn ihr euer wahres Ich erkennt.

Doch dieses wahre Ich kann, je nachdem wie oft ihr schon wiedergeboren worden seid, natürlich viele Höllen auf dieser Erde durchlebt haben. Deshalb seid ihr geprägt - durch diese vorangegangenen Leben. Andererseits habt ihr natürlich durch viele Wiedergeburten auch einen ungeheuren Erfahrungsschatz, den ihr nur wecken könnt, indem ihr euch entdeckt. Und seid euch gewahr, es ist egal, ob ihr es in diesem oder erst im nächsten Leben schafft. Ihr seid immer in der Lage umzukehren. Dies ist eine wichtige Erkenntnis, die ihr euch, wenn ihr euch wahrnehmt, vor Augen führen müsst.

Ihr seid verantwortlich für eure Taten, aber ihr seid natürlich genauso verantwortlich, welchen Weg ihr geht, und ihr dürft Fehler machen. Ein Fehler bedeutet nicht automatisch, dass ihr euren Weg verlassen habt. Vielleicht ist genau dieser Fehler notwendig gewesen, um euch wieder zurückzuführen oder um euch die Erkenntnis, die euch auf eurem Lebensweg noch gefehlt hat, zu geben. Deshalb hadert nicht mit euren Fehlern, aber betrachtet sie. Nur ihr stuft sie als Fehler ein - wir sagen dies nicht, denn einen Fehler gibt es im Sinne der Göttlichkeit nicht, sondern nur einen Weg, den ihr beschritten habt. Diesen Weg dürft ihr jederzeit verlassen und einen neuen einschlagen. Dies gefährdet nie euren Lebensweg.

Doch natürlich ist es möglich, dass ihr euch in vielen Umwegen verirrt. Dann wird die Suche nach euch selbst etwas schwieriger. Ihr müsst dann ein wenig mehr Zeit opfern, um wieder zu euch zu finden. In solchen Fällen kann es hilfreich sein, wenn ihr euch Hilfe sucht - und wenn ihr offen dafür seid, werden euch Menschen an die Seite gegeben, die euch auf eurem Weg helfen. Ihr müsst nur wachsam sein, so wie ihr immer mit offenen Augen durch das Leben gehen solltet, um wahrzunehmen, was um euch herum geschieht. Denn dies, wie ihr wisst, hat immer etwas mit euch zu tun. Ihr schafft euch eure Umgebung ganz alleine. Und ihr wohnt dort, wo ihr meint, wohnen zu müssen. Ihr lebt mit den Menschen, von denen ihr glaubt, dass sie euch guttun. Doch manchmal verändern sich die Dinge, wenn ihr euch verändert, wenn ihr eure wahre Bestimmung erkennt. Wir verlangen keine Wunderdinge von euch. Wir wünschen uns nur, dass ihr wachsam mit euch umgeht, dass ihr mit euch in Frieden lebt. Denn dann werdet ihr in Frieden mit eurer Umwelt leben können und werdet auch darauf achten, dass die Umwelt sich erholt.

Denn ich als Königin des Waldes bin natürlich sehr besorgt um die Natur, die euch umgibt. Ich wünsche mir sehr, dass ihr bewusster werdet und achtsamer mit ihr umgeht. Auch wenn ihr glaubt, dass ihr nichts tun könnt, so ist dies natürlich ein Irrglaube. Denn wie sagte ich euch schon: Jeder Gedanke in dieser Welt erzeugt eine Energie. Und diese Energie kann sich verstärken, wenn ein zweiter Mensch den gleichen Gedanken hegt. Und verstärkt wird dieser Gedanke auch dadurch, wenn ihr danach handelt. Fangt einfach damit an, keinen Müll mehr in die Natur zu werfen. Oder fangt damit an, auch mal Müll, den ihr am Wegesrand seht, einfach mitzunehmen. Jede Flasche, jede Plastiktüte, die ihr unterwegs mitnehmt, macht eure Umwelt sauberer. Und denkt daran, auch eine *Flasche hilft, denn wenn es hundert Menschen tun, sind es schon hundert Flaschen. Wenn es tausend Menschen tun, sind es tausend Flaschen oder sonstiger Unrat. So kann eine Bewegung entstehen, die dazu führt, dass eure Umwelt mit der Zeit wieder sauberer wird.*

Und mit jedem Tun, das ihr bewusst für die Natur tut, tut ihr auch etwas für euch. Denn eure reinen Energien, die dabei entstehen, säubern euch. Ihr könnt dadurch auch viel Müll (im übertragenen Sinne), der eure Seele belastet, entsorgen, und dies sollte euer Streben in dieser Welt sein. Befreit eure Seele von Müll, der sie belastet. Dies könnt ihr ganz leicht tun, wenn ihr auf euch achtet und Gedanken, die euch schaden, wahrnehmt und sie anders denkt. Und glaubt mir, ihr seid dazu in der Lage. Ihr müsst es nur wollen. Hierbei können viele lichtvolle Helfer bei euch sein, wenn ihr es denn wollt.

Im letzten Kapitel fasst Dana zusammen, was sie uns schon in allen Kapiteln zuvor gesagt hat. Wir ganz allein bestimmen unseren Lebensweg. Uns begegnen allerdings immer wieder Menschen, die uns auf unserem Lebensweg helfen oder uns in eine neue Richtung bewegen können. Deshalb sollte man öfter einmal genau hinschauen, denn gerade die Begegnungen, die uns am meisten irritieren, können uns am Ende am ehesten weiterhelfen.

Unseren Garten Eden finden wir dann, wenn wir im Einklang mit unserer eigenen Natur leben und damit automatisch im Einklang mit der Natur, die uns umgibt. Dazu sollten wir mit offenen Augen, aber insbesondere mit offenem Herzen durch unser Leben gehen. Wir finden alles, was wir zu einem erfüllten Leben brauchen am Wegesrand - wir müssen es lediglich erkennen und es für unser Leben nutzen. Wenn uns dies schwierig erscheint, so deshalb, weil wir in unserer sogenannten Zivilisation verlernt haben, den Wegesrand zu beobachten. Lernen wir wieder, auf die Kleinigkeiten zu achten und ihren Wert für unser eigenes Leben zu begreifen, dann kommen wir auf unserem Weg weiter. Trotz allem wird es immer wieder Hindernisse geben, die scheinbar hoch wie ein Berg vor uns stehen. Gerade dann wird es hilfreich sein, das Wesen dieses Berges zu erforschen, denn wir selbst haben diesen Berg gebaut - und so, wie wir ihn aufgebaut haben, können wir ihn auch wieder abtragen. Diese Arbeit müssen wir nicht allein bewerkstelligen, denn lichtvolle Helfer umgeben uns. Sie reichen uns die Hand, um uns zu unterstützen. Wir müssen diese Hand lediglich ergreifen, und uns wird in wunderbarer Weise geholfen.

Am Ende dieses Buches möchte ich Ihnen Mut und Zuversicht für Ihren Weg wünschen, aber auch die Neugier auf sich selbst. Entdecken Sie Ihre Natur, und ich verspreche Ihnen, das ist das größte Wunder, das Gott Ihnen geschenkt hat.

Segen

Dana schloss jede ihrer Durchsagen mit einem Segen. Diesen will ich hier am Ende des Buches für alle Menschen, die sich diesem Buch und damit automatisch ihrer Natur widmen, wiedergeben:

Nun segne ich euch und spreche euch das Licht und die Liebe von Gott aus, die euch auf eurem Weg beständig begleiten. Nun gehet hin in Frieden. Ich segne und behüte euch, im Namen des Vaters, des Sohnes und des Heiligen Geistes. Amen.

Über den Autor

Dirk Thomas, 1961 in Neustadt an der Weinstraße geboren, machte nach dem Abitur zunächst eine Ausbildung zum landwirtschaftlich-technischen Assistenten. Danach führte ihn sein Weg vom Gärtner über einen Job als Lagerist zur Bundeswehr, wo er als Fahrlehrer ausgebildet wurde. Nach dieser Zeit studierte er in Mannheim und legte sein Examen als Diplom-Verwaltungswirt ab.

In dieser Zeit wurde seine Hellsichtigkeit offenbar, und die Engelwelt bildete ihn zum Sprachmedium aus. Im Kreis seiner Begegnungen unterstützt er Menschen durch Engeldurchsagen, und vor circa vier Jahren begann er mit der Arbeit an diesem Buch.

Heute arbeitet er in Teilzeit bei einer Behörde als Controller und gibt daneben Kurse im traditionellen Bogenschießen - natürlich in der Natur.

176 Seiten, broschiert
ISBN 978-3-89845-357-8
€ [D] 6,95

Myra

Devas – Die Natur hinter der Natur

Saint Germains Vermächtnis

Im Hinhören und Wahrnehmen der Klänge der Natur können wir das wiederentdecken, was wir zur Harmonisierung brauchen. Dieses Buch führt Sie zu Ihrer inneren Stimme, die Sie stets zur richtigen Pflanze, zum richtigen Metall, zum richtigen Mineral – zu einer lichtvollen Alchemie der Heilung lenkt.
»Der Rhythmus eures Herzens bringt euch ganz automatisch wieder in Verbindung mit dem Rhythmus des Planeten. Spürt im Zyklus der Jahreszeiten die Interaktion mit eurem eigenen Lebenszyklus. Werdet zu einem Teil der Natur.« Saint Germain
Machen auch Sie sich mithilfe von Saint Germain die Heilkraft der Natur zunutze.

192 Seiten, broschiert
ISBN 978-3-89845-287-8
€ [D] 6,95

Elizabeth Clare Prophet

Mit Elementarwesen arbeiten

Zum Wohle der Erde

In vergangenen goldenen Zeitaltern arbeiteten die Naturgeister und die Menschen Hand in Hand, und die Erde glich einem Garten Eden ...
Doch dann kam eine Zeit, in der die Negativität des Menschen Eingang in die Welt fand und die Arbeit der Elementarwesen enorm erschwerte.
In diesem Buch werden Wege aufgezeigt, wie wir zurück zum »verlorenen Paradies« finden. Wir lernen, wieder im Einklang zu sein mit den Elementarwesen und sie in ihrer Arbeit zu unterstützen, um so erneut ein goldenes Zeitalter für uns einzuläuten.

144 Seiten, broschiert
ISBN 978-3-89845-341-7
€ [D] 6,95

Johanna Tippkemper

Lichtkraftplätze

Johanna Tippkemper zeigt, wie Lichtkraftplätze geschaffen werden, die eine weltweite, heilende Kommunikation in Gang setzen. Neben dem hochfrequenten Heilungslicht, das von Lichtkraftplätzen ausgeht, unterstützen diese Kraftfelder unmittelbar den Aufstiegsprozess unserer Erde und erleichtern den Übergang in die fünfte Dimension. Die mächtigen Wesen aus den hohen Lichtdimensionen senden ihre Energien durch die Lichtkraftplätze zu uns und stellen die ursprüngliche Schwingungsqualität wieder her.
So rückt die neue Erde, auf der Friede und Liebe herrschen werden, wieder einen Schritt näher.

256 Seiten, broschiert
ISBN 978-3-89845-353-0
€ [D] 16,90

Ellen Vande Visse

Der spirituelle Garten

Wie Naturgeister uns helfen

Ellen Vande Visse lädt Sie ein, harmonisch mit dem Naturreich zusammenzuarbeiten. Unterhaltsame Erzählungen erläutern Schritt für Schritt, was Sie tun können, um gemeinsam mit der Natur zu gärtnern und mit den Elementarwesen zu kommunizieren – vollkommen unabhängig davon, ob Sie medial veranlagt sind oder nicht.
Der spirituelle Garten lehrt uns, mit den Pflanzen als Lebewesen zusammenzuarbeiten. Ein Buch über außergewöhnliches Gärtnern, das Sie bis zur letzten Seite nicht mehr aus der Hand legen werden.

Claudia Knüppel

Elfen öffnen Herzen

Farbenfroh ist der Zauberwald, in den uns die Künstlerin Claudia Knüppel einlädt, und es wimmelt hier von Naturgeistern, die uns geheimnisvoll, anmutig oder auch frech aus dem schillernden Reich der Fantasie zuwinken. Wunderbar dargestellte Geistwesen, die tiefempfundene Botschaften aussenden als Rat, als Trost oder als Hoffnung für all die, die den Glauben an und den Kontakt zu den lichten Welten des wenig Sichtbaren nicht verloren haben.

47 Herzkarten in Box · EAN 4260075280035 · € [D] 13,90

Ingeborg Bergner | Set: Buch & Karten |

Dein Lichtgewand

reinigen – stärken – schützen

Ein Geschenk der Lichtwesen an uns!
Die Auramode der Engelwelt lässt keine Wünsche offen – egal ob Sie sich nun lieber in einen reinigenden Mantel, ein heilendes Kleid oder in eine harmonisierende Jacke hüllen möchten. »Dein Lichtgewand« vermittelt eindrucksvoll, wie jeder Suchende in der neuen Zeit des Aufstiegs seine Seele mit speziellen Energien stärken kann. Die 25 praktischen Energie-Karten unterstützen dabei, sich seiner jetzigen Situation bewusst zu werden.
Eine inspirierende Kollektion, mit der Sie Ihrem Alltag gestärkt begegnen können – umgeben von wunderbaren Energien.

208 Seiten, broschiert, 2-farbig, mit 25 Energiekarten, in Schuber
ISBN 978-3-89845-279-3 · € [D] 24,90

256 Seiten, broschiert
ISBN 978-3-931652-30-2
€ [D] 15,90

Ted Andrews

Zauber des Feenreichs

Begegnung mit Naturgeistern

Mit ein wenig Geduld und Ausdauer lernen Sie, die Gegenwart von Feen, Elfen, Devas und anderen Naturgeistern zu spüren und wahrzunehmen. Öffnen Sie Ihr Herz und Ihre Sinne diesen nicht auf den ersten Blick sichtbaren Bereichen des Lebens und seinen Quellen, und wecken Sie die Ihnen angeborenen Fähigkeiten, das Leben in seiner ganzen Fülle zu leben.
Ein Handbuch mit praktischen Anleitungen, Meditationen und Übungen in der Natur für die Arbeit mit dem Unsichtbaren.
Ein Werk voller Zauber über eine faszinierende Welt, die greifbar vor uns liegt und die es nur zu entdecken gilt!

224 Seiten, Klappenbr.
ISBN 978-3-89845-304-2
€ [D] 16,90

Elizabeth Clare Prophet & Mark L. Prophet

Botschaften aus dem Lichtreich

Elizabeth Clare und Mark L. Prophet zählen in vielen Ländern zu den meistgelesenen Autoren. Dass dies kein Zufall ist, demonstrieren sie eindrucksvoll in diesem Buch, geschrieben für alle, die mithilfe von praktischen Anleitungen eine neue Dimension des Seins erlangen wollen.
Die Autoren behandeln zentrale Themen ihrer Lehre wie:die Aufgestiegenen Meister, die dreifältige Flamme des Herzens oder die kreative Kraft des Klanges
Worauf warten Sie noch? Ein Buch der kleinen Schlüssel zu großen Türen – eine wundervolle Begegnung mit außergewöhnlichen Wegbereitern für ein neues kosmisches Bewusstsein.

Nadja Berger | Set: Buch & Karten |

Runenkräfte

Das Praxis-Set der Runenmagie

Praktische Runenbücher sind fast eine Seltenheit geworden, umso erfreulicher ist dieses neue Runenhandbuch mit schönen Karten einer medial begabten Autorin und Künstlerin. Runen sind ein wunderbarer Weg hin zu einer Verbindung zwischen dem Geistigen und dem Irdischen, um so diese feinen Energien fühlbarer zu machen – dieses Runenset öffnet auf leichte, spielerische Weise den Zugang zu dieser Erfahrung.

144 Seiten broschiert, 24 vierfarbige Karten · ISBN 978-3-89845-177-2 · € [D] 18,90

Scott Alexander King

| Set: Buch & Karten |

Krafttiere für Kinder

Ein Kind in unserer modernen Welt zu sein, ist manchmal schwierig. Wie schön, wenn man einen Freund hat, mit dem man reden kann, der zuhört und hilft. Krafttiere sind diese liebevollen Freunde, die dich unterstützen und dich beraten. Auch du kannst mit den Tieren sprechen, und dieses wunderschön illustrierte Kartenset hilft dir dabei, die Botschaften der Tiere zu verstehen. Wann immer du den Krafttieren deine Sorgen und Ängste mitteilst, werden sie dir Antwort auf deine Fragen geben, dir Kraft und Vertrauen spenden und dich auf deinem Weg durch das Leben begleiten.

45 runde, farbige Karten, Ø 10 cm, mit Begleitbuch, 160 Seiten, broschiert, in Box
ISBN 978-3-89845-363-9 · € [D] 16,90

144 Seiten, broschiert
ISBN 978-3-89845-358-5
€ [D] 12,95

Gary A. Kowalski

Tiere fühlen mehr

Seelengefährten, die uns zutiefst menschlich machen

Tiere sind keine leblosen Dinge ohne Gefühl und Verstand, sondern denkende, fühlende Individuen mit einem spirituellen Leben. Gary A. Kowalski hilft uns, das Rätsel der Spiritualität unserer Tiere zu lösen. Er beweist, dass Tiere gefühlvolle Wesen mit einem Zugang zur geistigen Welt sind. Tiere sind lebende Seelen wie wir. Mit vielen verblüffenden Beispielen demonstriert Gary A. Kowalski eindrucksvoll, wie sehr Tiere dem Menschen ähneln. Er erkundet, in welchem Maße Tiere unsere Seelen- und Reisegefährten sind und wie sie an jenen Dingen teilhaben, die uns zutiefst menschlich machen – ja, wie sie uns das eigene Menschsein erkennen lassen und unsere Spiritualität bestärken.

160 Seiten, broschiert
ISBN 978-3-89845-361-5
€ [D] 12,90

Otto Höpfner

Einhandrute und Pyramidenenergie

Ein praktischer Ratgeber

Zahllose Strahlungen und Felder beeinflussen unser Wohlbefinden – und nur wenige Geräte können uns dabei helfen, diesen Einflüssen zu entgehen. Dieser Ratgeber zeigt anhand von praktischen Beispielen, wie auch der Laie krankmachende Strahlen erfassen und durch die Pyramidenenergie verbessern kann. Er führt uns auf neue Wege zum Schutz unserer Gesundheit, egal, ob es sich um die Verträglichkeit von Nahrungsmitteln und Medikamenten, Störzonen am Schlafplatz oder andere krank machende Störfaktoren handelt. Eine faszinierende Fundgrube für Gesundheitsbewusste!